센티언트 엔터프라이즈

센티언트 엔터프라이즈

데이터 분석을 활용한 비즈니스 의사결정

올리버 라츠버거 · 모한 소니 지음
배수진 · 권오병 옮김

에이콘출판의 기틀을 마련하신 故 정완재 선생님 (1935-2004)

지은이 소개

올리버 라츠버거^{Oliver Ratzesberger}

테라데이타의 수석 부사장 겸 최고 제품 책임자다. 테라데이타 이전에는 데이터 웨어하우스와 빅 데이터 플랫폼 프로그램을 주도했던 이베이에서 7년을 보냈다. 또한 오픈 소스 스타트업에 깊이 있는 경험이 있다. 테라데이타 연구 개발^{R&D} 소프트웨어 팀의 리더로 2013년 초 테라데이타에 합류했다. 테라데이타 R&D 책임자로서 현재 전 세계 1,900명 이상의 기술자를 포함한 글로벌 조직을 총괄한다.

모한 소니^{Mohan Sawhney}

노스웨스턴 대학교^{Northwestern University} 켈로그 경영 대학^{Kellogg School of Management}의 기술 혁신 연구 센터^{Center for Research in Technology & Innovation}에서 맥코믹 재단^{McCormick Foundation} 기술 위원장, 마케팅 임상 교수 및 이사를 맡고 있다. 혁신과 전략적 마케팅 및 뉴미디어에서 세계적으로 인정받는 학자이자 교사, 컨설턴트, 연사다. 그의 연구와 교육은 현대 마케팅, 유기적 성장과 비즈니스 혁신에 초점이 맞춰져 있다. 전 세계 2,000개 기업과 정부에 조언하며 주요 학술 저널 및 경영 간행물에 수십 건의 영향력 있는 기사를 썼을 뿐만 아니라 6권의 경영 서적을 썼다.

감사의 글

이 책을 쓰면서 중요한 도움과 통찰력을 제공한 많은 사람과 산업 파트너들에게 감사를 표한다. 특히 기업 내 기술에 대한 우리의 관심과 열정이 지속적인 동반자 관계를 이끌어줄 것이라는 직감에 따라 우리 둘을 만나게 해준 메리 그로스Mary Gros에게 감사한다!

또한 테라데이타Teradata의 크리스 투구우드Chris Twogood, 세라 하워드Sarah Howard와 캐서린 놀스Katherine Knowles 덕분에 여러 주에 걸친 전략 회의, 인터뷰 물류, 그리고 이와 같은 프로젝트를 수행하는 데 요구되는 기타 작업을 마칠 수 있었다. 편집과 인터뷰를 지원해 준 메릿 그룹Merritt Group과 샤하드 아메드Shahed Ahmed, 리처드 시히Richard Sheehe에게 감사하고, 이 책의 서문을 써준 우리의 소중한 동료 톰 대븐포트Tom Davenport에게도 감사한다. 출판에 도움을 준 와일리Wiley의 쉐크 조Sheck Cho에게도 감사한다.

마지막으로 인터뷰에 응해 준 데이터 사이언스 리더들과 그들 조직의 탁월한 기여를 인정해야 한다. 버라이즌Verizon의 그레이스 황Grace Hwang, 제너럴 모터스General Motors의 브렛 버메트Brett Vermette, 델Dell의 제니퍼 펠치Jennifer Felch, 시스코Cisco의 케빈 반디Kevin Bandy, 지멘스Siemens의 게하드 크레스Gerhard Kress, 볼보Volvo의 얀 와센Jan Wassen과 버틸 앤그톱Bertil Angtorp, 테라데이타와 스탠퍼드 대학교의 야체크 베클라Jacek Becla, 웰스 파고Wells Fargo의 찰스 토마스A. Charles Thomas, 샌프란시스코 자이언츠의 빌 슬로우Bill

Slough, 샌프란시스코의 제이 나스Jay Nath, 샌디에이고시의 막심 페체르스키 Maksim Pecherskiy, 퍼지 로직스Fuzzy Logix의 파사 센Partha Sen. 종종 솔직하고 생생한 용어로 이들만의 도전과 해결책을 토론하려는 의지는 우리 모두를 진정으로 '센티언트' 기업이 현실이 되는 지점에 더 가까운 분석을 배우고 실행할 수 있게 해줬다.

옮긴이 소개

배수진(luckybsj@khu.ac.kr)

빅데이터경영 전공 경영학 박사로 현재 경희대학교 경영학과 학술연구교수(한국연구재단 SSK 4차산업혁명연구단)로 재직 중이다. 경희대학교와 단국대학교에서 강의하고 있으며 메타버스, 실감 콘텐츠 및 인공 지능 기술의 소비자 수용 등을 주제로 한 연구를 국내뿐만 아니라 해외 유수 저널에도 다수 게재하고 있다. 스피치토론전공 언론학 석사로 숭실대학교 강사와 경희대학교 부설 국제스피치토론연구소 연구원으로 활동한 바 있고, 후마니타스 빅데이터연구센터 및 차세대정보기술연구센터 박사과정 연구원으로 활동했다. 기술 기반 창업 및 벤처 기업 이사 등 사업화 경험과 기업 및 정부 부처의 프로젝트(해외 마케팅, 기술 개발, 교육, 훈련 등)에도 지속적으로 참여하고 있다.

• https://sites.google.com/view/sujin-bae

권오병(obkwon@khu.ac.kr)

현재 경희대학교 학무부총장, 경영학과 및 빅데이터응용학과 교수로 재직 중이다. 주요 도서로는 『4차산업혁명과 지속가능사회』(청람, 2021), 『AI 비즈니스』(범한, 2020), 『4차산업혁명시대의 정보기술과 경영정보시스템』(청람, 2019), 『빅데이터 비즈니스 성공 지도』(에이콘, 2014) 등이 있으며, IT와 경영을 주제로 한 100여 편의 논문을 국제 학술지에 발표했다. 경희대학교 경영대학 학장과 전국대학교기획처장협의회 회장을 역임하고, 한국연구재단 SSK 4차산업혁명 연구단 단장, 경희대학교 차세대정보기술연구센터 센터장, 정부 부처 심사 및 평가 위원 등으로 활동하면서 기업 및 정부 부처의 IT 과제를 지속적으로 수행하고 있다.

- http://caitech.khu.ac.kr

옮긴이의 말

아마존에서 처음 이 책의 제목과 리뷰를 읽고 한국 독자에게도 소개하면 좋겠다는 생각으로 시작한 번역 작업이었다. 인공 지능을 비롯한 4차 산업 혁명 기술에 대한 이해는 이미 많이 확산됐다. 이러한 기술의 기반은 데이터이고, 데이터 분석을 통한 가치 있는 해석과 적용이 중요해지면서 경영 현장에서 데이터 분석을 적용하려는 분위기가 무르익었다. 그러나 아직은 경영 현장에서 데이터 분석을 빠르게 적용하기가 쉽지 않다. 전문가의 부족, 기업 리더들의 빅 데이터 전문 지식 부족 등이 이유일 것이다.

이 책에서는 어떻게 기업 현장에서 경영 문제를 해결하기 위해 데이터 분석 및 활용을 할 것인지에 대해 알기 쉽게 설명하고 있다. 두 저자가 제안하는 핵심은 애자일 방법 기반의 역량 성숙도 모델이라고도 하는 센티언트 엔터프라이즈 다섯 가지 플랫폼이다. 이들은 그 적용 방법을 에피소드나 예시를 통해 IT 전공자가 아닌 사람도 알기 쉽게 설명하고 있다. 특히 유명한 글로벌 기업인들을 직접 인터뷰한 내용으로 그들의 데이터 분석 적용 방법과 문제 해결 방법을 자세히 보여준다. 이런 점에서 이 책은 전문 서적이라기보다 데이터를 바라보는 관점과 분석 및 활용에 관한 철학을 담은 선언문에 가깝다고 할 수 있다.

두 저자가 서로가 발견한 '아하^{aha}'하는 순간의 놀라움과 즐거움을 느끼며 써 내려간 열정의 서사가 한국 독자에게도 경영 현장에서 적용해볼 만한

'센티언트 엔터프라이즈'로 잘 전해지기를 바란다. 저자가 말한 것처럼 결승선은 없기에, 이 책을 읽고 독자의 환경에 적용한 더 성공적인 사례를 만들어주기를 기대한다. 끝으로 이 책이 나오기까지 도움을 준 권은영님, 김은실님, 그리고 잘 마무리하도록 함께 한 에이콘출판사 모든 담당자께도 감사의 마음을 전한다.

– 오비스홀에서

차례

1장   엔터프라이즈 재구상하기

2장   팽창하는 데이터 세계 활용하기

결론

서문

『센티언트 엔터프라이즈』는 훌륭한 책인 동시에 좋은 신호다. 이렇게 말하는 이유를 구체적으로 나열하겠다.

이 책에는 지혜롭고 경험이 풍부한 두 저자가 협력해 데이터와 데이터 분석에 관해 전달하는 훌륭한 조언이 담겨있다. 두 저자와 알고 지낸 지 10년이 넘었으며 이들을 따로 만나든 함께 만나든 상관없이 매우 능력 있는 지도자들이라고 생각해왔다.

사실 두 저자는 각자 뛰어난 책을 쓸 수 있는 사람들이다(또한 소니^{Mohan} ^{Sawhney}는 이미 여러 권을 썼다!). 올리버 라츠버거^{Oliver Ratzesberger}는 오늘날 IT 아키텍처^{architecture} 문제에 가장 선견지명이 있는 전문가 중 하나다. 라츠버거가 이베이^{eBay}에서 만들어낸 데이터 아키텍처는 굉장했고 빠르게 테라데이타의 제품 책임자로 진급했다. 그렇다고 해서 테라데이타 솔루션만 지지하는 것은 아니다. 오랫동안 오픈 아키텍처와 하둡^{Hadoop}과 같은 오픈 소스 툴의 강력한 옹호자이기도 하다.

마케팅 교수로 경력을 쌓은 소니는 확실히 그 이상이다. 혁신, 디지털화, e비즈니스, 네트워크화 조직, 그리고 다른 많은 주제의 영역에서 수년간 선도적 사상가였다. 누구라도 기술의 전략적 활용에 대한 공저자를 찾고 있다면 소니보다 훌륭한 사람을 찾을 수 없을 것이다.

두 저자는 기업이 센티언스로 가는 여정에서 중요한 이해관계가 있는 어떤 전략가와 실천가들에게도 호소력 있고 독창적인 주제들을 제공할 수 있을 만큼 전문성을 지녔다. 이 책을 읽다 보면 어느 순간 엄청난 양의 데이터 폭발이 어떻게 비즈니스와 사회를 변화시킬지 알게 될 것이다. 가상 데이터 마트VDM, Virtual Data Mart의 통제되지 않은 확산을 방지하는 방법이나 콜센터에서의 통화 시간과 고객 감정 간의 상관관계도 배우게 될 것이다. 또한 저자들이 전략적이거나 전술적인 영역에만 머물러 있다고 비판할 수 없을 정도로 폭넓은 이해를 얻게 될 것이다.

『센티언트 엔터프라이즈』는 데이터 분석 작업이 전문적 활동이면서 기업의 주요 활동으로 자리 잡아가고 있다는 좋은 신호다. 조직들이 최소한 이 책의 교훈을 실천한다면 말이다. 그동안 분석 방법을 새롭게 구상하는 일은 각자가 설정한 가설과 호기심에 이끌린 다소 체계적이지 않은 '장인artisanal' 활동이었다. 분석 결과는 의사 결정자가 실현할 수도 있고 그렇지 않을 수도 있었다. 분석 결과가 도출됐다고 하더라도 그것을 비즈니스 과정과 시스템에 포함하거나 조직 전반에 걸친 활동 결과로부터 교훈을 얻을 수 있는 시스템은 거의 없었다.

이 책에서 설명하는 다섯 가지 '플랫폼platforms'을 잘 이해한다면 장인 단계의 기존 분석 수준을 뛰어넘을 수 있을 것이다. 소개할 다섯 가지 플랫폼으로 분석 활동을 수행하게 하고 그 결과가 기업 전체에 공유되도록 해주는 상호 연결된 기능이 만들어지고 이를 통해 데이터와 데이터 분석 기반의 의사 결정을 위한 틀을 구축할 수 있을 것이다. 제안하는 플랫폼을 기반으로 분석적 의사 결정을 자동화하고 수동적 개입을 많이 하지 않고도 의사 결정 및 집행을 하는 기업들의 미래와 현재가 제시될 것이다. 분석적 의사 결정이 '본능 또는 주먹구구식the gut'에 근거한 것보다 더 정확하고 덜

편향적일 것이라고 믿는 독자에게 이 책의 내용은 커다란 도움이 될 것이라 확신한다.

단, 이러한 접근법이 적어도 당분간은 모든 의사 결정에 채택되지는 않을 것이다. 이 접근법들은 현재 수많은 데이터, 라츠버거와 소니가 언급한 것처럼 인터넷 기반의 '행동 데이터^{behavioral data}'를 기반으로 한 반복적이고 전략적인 결정에 적용되고 있다. 예를 들어 광고에서 플랫폼의 버전은 이미 디지털 마케팅 결정을 지원하는 데 사용되고 있다. 그러나 플랫폼 버전은 조만간 슈퍼 볼^{Super Bowl} 광고에 대한 의사 결정에 적용되지 않을 것이다.

저자들이 지적하듯이 다섯 가지 플랫폼은 단지 기술에만 기반한 것이 아니라는 점을 기억하는 것이 중요하다. 플랫폼은 기술적 기능과 사용자 기능으로 구성된다. 기술적 역량의 성공을 원한다면 그들을 가능하게 할 일련의 인간의 기술, 행동, 태도가 필요하다. 이러한 인적 요인은 경영진의 수준, 즉 기술 역량 개발 지원과 비즈니스 프로세스의 적합성 측면에서 그리고 현장에서도 작용한다.

예를 들어 의료 분야에서 우리는 '정밀 의료^{precision medicine}'에 대한 접근법이 절실하며, 정밀 의료 접근법은 저자들이 설명하는 다섯 가지 플랫폼 모두를 요구할 것이다. 그러나 이들 플랫폼의 일부는 기꺼이 플랫폼 개발을 후원하는 고위 관리자들과 플랫폼을 사용하고 매일의 권장 사항과 결정 사항에 따라 기꺼이 일하고자 하는 의사와 간호사들이다. 기술 역량 개발이 더 어려울지 인적 역량 개발이 더 어려울지 고민하겠지만, 사실 둘 다 어려운 것이다.

그러니 아직 시작하지 않았다면 서둘러 다섯 가지의 플랫폼 구축을 시작해 보자. 이 놀라운 책에서 전략적이면서 전술적인 조언을 모두 흡수하자.

그리고 고품질 위젯^{widgets}[1]처럼 분석적인 의사 결정이 생산되는 미래를 위해 당신의 조직에서 웨트웨어^{wetware}[2]를 준비하기 시작하자.

토마스 데븐포트^{Thomas H. Davenport}

배브슨 대학교^{Babson College} 교수

MIT 이니셔티브 온 디지털 경제지 펠로우

『Competing on Analytics』(Harvard Business School, 2017),

『Only Humans Need Apply』(Harpercollins, 2016)의 저자

---

[1] PC나 휴대폰, 블로그나 카페 등 웹브라우저를 통하지 않고 뉴스, 날씨, 달력, 게임, 및 계산기 등 바로 이용할 수 있도록 아이콘 등으로 만든 미니 응용 프로그램 – 옮긴이

[2] 인간의 두뇌를 컴퓨터의 프로그램과 시스템을 연결해 작동시키는 매개체로 보는 것으로 인적 자본과 무형의 지적 자산을 상징하는 신조어 – 옮긴이

들어가며

이 책은 비즈니스 기술과 비즈니스 문화에 관한 이야기다. 특히 기술과 문화의 올바른 조화가 어떻게 데이터와 분석의 사용을 바꿀 수 있는지에 관한 것으로, 거대 조직까지도 기민성, 통찰력, 그리고 정보 소스의 가치를 새롭게 발견하는 수준을 달성하게 할 것이다.

그리고 이 책은 아주 다양한 비즈니스 전문가를 위한 책이다. 여기서 말하는 전문가는 고위 기술 임원과 데이터 과학자뿐만 아니라 비즈니스 사용자, 직함에 '분석가analyst'를 달고 있는 사람을 비롯해 조직에서 데이터를 수집하고 분석 및 적용하는 방식에 영향을 받는 거의 모든 사람을 의미한다.

당신이 차세대 디지털 전략을 수립하고 있든, 딥 뉴럴 네트워크deep neural network를 탐색하기 위한 데이터 실험을 설정하고 있든, 기업 KPI 대시보드dashboard1에 접속 제어를 설정하고 있든, 이 책은 당신을 위한 책이다. 우리의 목표는 대부분의 비즈니스 전문가가 인식하게 될 일반적인 도전을 해결하기 위해 직무 기능과 부서별 사일로silos2 사이에 다리를 만드는 것이며 도전은 다음과 같다.

---

1 핵심 성과 지표 기반의 데이터를 한 화면에서 시각화로 관리하는 도구 – 옮긴이
2 기업 내 부서 간에 담을 쌓고 정보 공유 등을 하지 않는 부서 – 옮긴이

"여러 팀이 자체 데이터 사일로에서 정보를 가져가 놓고 모두의 데이터가 일치하지 않는 이유를 궁금해하면서 회의 시간을 낭비하는 걸 그만두게 할 방법이 있을까요?"

— 주요 자동차 제조업체의 데이터 과학자

"규모가 크다고 해서 자연스럽게 최고가 되는 것은 아닙니다. 기민성을 유지하면서 규모의 경제를 활용할 가장 좋은 방법은 무엇일까요?"

— 통신 대기업 수석 데이터 책임자

"우리 집 아이들은 자신의 게임을 만들기 위해 휴대전화에 셀프서비스 앱을 갖고 있습니다. 하지만 저는 데이터를 실험하고 싶을 때마다 IT 부서와 긴 요구 사항의 프로세스를 매번 거쳐야 합니다. 왜 그런 걸까요?"

— 전자 제품 제조업체의 제품 테스트 분석가

"고객들이 우리에게 의존한다는 점을 감안할 때 필요로 하는 혁신적인 내일을 위해 어떻게 하면 더 예측 가능한 곡선을 얻어 오늘날 우리의 성공을 이어갈 수 있을까요?"

— 수익성 높은 글로벌 네트워킹 기업 수석 부사장

데이터에 의존하는 대부분 기업이 비즈니스 관점에서 던지는 어려운 질문들이다. (그리고 오늘날의 정보 중심 경제에서 이는 **거의 모든 기업**을 의미한다!) 더구나 이러한 질문들은 가설이 아니다. 이 책을 위해 우리가 인터뷰한 델^{Dell}, 버라이즌^{Verizon}, 제너럴 모터스^{General Motors}, 지멘스^{Siemens}, 웰스 파고^{Wells Fargo} 등 다른 조직의 최고 경영진에게 들었던 이 질문들은 실제적 도전으로 일어나고 있다. 이 책은 이들과 이들의 동료들이 매일 직면하는 과제에 관한 것이다.

다행히도 이러한 기업들은 데이터 기반의 비즈니스 관점에 대한 문제 해결에 도전하기 위해 혁신적이고 확장 가능한 분석 솔루션을 생각해냈다. 앞으로 펼쳐질 내용에서 성공 사례를 살펴보고 자체 리서치와 빅 데이터, 고급 분석의 최신 모범 사례와 결합해 보려고 한다. 이를 통해 규모에 따른 분석 역량과 성숙도, 기민성에 대한 새로운 모델에 도달하는 계획을 세울 것이다. 우리는 이것을 '센티언트 엔터프라이즈'라고 부른다.

센티언트 엔터프라이즈는 소규모의 전술적 의사 결정부터 임무 지향적 전략 결정에 이르기까지 비즈니스 의사 결정에서의 모든 방식을 변경할 것이다. 이로써 기술과 그것을 활용하는 모두의 생산성 향상을 위해 취하게 될 방식에 도달할 것이다. 이 여정은 가치 있는 만큼 매우 복잡하다. 우리는 센티언트 엔터프라이즈를 다섯 단계의 역량 성숙도 모델Capability Maturity Model로 구성했다.

1. 분석 기능과 프로세스를 위한 기술 백본backbone으로서의 **애자일 데이터 플랫폼**Agile Data Platform. 여기서는 낡은 데이터 웨어하우스DW, Data Warehouse 구조와 방법론이 클라우드cloud와 같은 새로운 기술을 통합하고 기민성을 위해 구축된 균형 잡힌 분산 프레임워크framework로 전환되는 곳이다. 이 단계에서는 가상 데이터 마트, 샌드박스sandboxes, 데이터 랩data labs 등 관련 도구를 사용해 애자일리티 향상을 위한 기본 기술 플랫폼을 만든다.

센티언트 엔터프라이즈 5단계

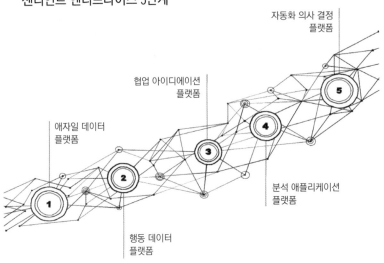

2. 트랜잭션^{transactions}뿐만 아니라 사람과 네트워크, 장치에 관련된 복잡한 상호 작용을 매핑^{mapping}하는 것에서 통찰력을 얻는 **행동 데이터 플랫폼**^{Behavioral Data Platform}. 데이터 과학자를 위한 향상된 직무 기능이 등장하기 시작하는 곳이다. 그리고 우리는 최고 경영진^{CXOs}로 고리를 만들어 행동과 궁극적인 고객 중심 모델에 관해 생각하게 만든다. 행동 데이터 플랫폼이 구축됨에 따라 넷 프로모터 스코어^{Net Promoter Scores}3와 고객 감정 및 행동의 다른 측정들은 기업에 대한 미션 크리티컬^{mission-critical}4한 중요성으로 높아진다.

3. 분석 전문가들의 커뮤니티를 통해 통찰력을 공유함으로써 기업들이 데이터 폭증에 대응하는 **협업 아이디에이션 플랫폼**^{Collaborative Ideation}

---

3 고객이 해당 서비스나 제품을 지인에게 추천할 의향에 관한 점수를 계산한 것으로 고객 충성도를 나타내는 순 추천 고객 – 옮긴이

4 은행의 온라인 시스템, 철도 운행 및 항공기 운항 제어 시스템 등 정상적으로 작동되지 않으면 업무 수행이나 사회에 재앙을 가져오는 필수 불가결한 시스템 – 옮긴이

Platform. 이는 데이터 민주화democratized data, 클라우드 소싱 협업, 인센티브 기반 게임화gamification, 그리고 기업 내 사회적 연결들이 함께 기존의 중앙 집중식 메타데이터 접근 방식을 능가하는 빠른 셀프서비스 방식으로 사람과 데이터를 연결하도록 활용될 수 있다. 이 플랫폼의 하나로 사람들이 조직 내 데이터를 사용하는 방법과 대화하는 방법을 둘 다 분석할 수 있는 '분석용 링크드인LinkedIn for Analytics' 환경을 구축한다. 이는 아이디어, 프로젝트, 그리고 사람들이 팔로우하고followed, 좋아하고liked, 공유하고shared, 태그tagged 한다는 것을 보게 되는 소셜 미디어 컨벤션을 포함한다.

4. 폭넓은 비즈니스 사용자 커뮤니티에 분석 기능을 배포하고 엔터프라이즈 청취를 향상하기 위해 폭발적인 앱 경제의 단순성을 활용하는 **분석 애플리케이션 플랫폼**Analytical Application Platform. 이는 셀프서비스 앱 프로그램과 기업 청취를 통한 자기 인식을 하는 애플리케이션과 추출extracting, 변환transforming, 로딩loading에서 벗어나고자 한다. 이제 시각화는 경영진의 벽면에 걸린 단순히 아름답기만 한 그림에 머물지 않는다. 변화를 주도하고 통찰력을 발휘하는 데 시각화가 사용된다.

5. 인간이 개입하지 않아도 자체적으로 더 많은 전술적 결정을 내리는 유기체로 행동하기 시작하는 기업으로서 진정한 센티언스가 성취되는 곳으로 사람들은 전략 계획과 주요 결정에 더 많은 관심을 기울일 수 있는 **자율 의사 결정 플랫폼**Authorize Decisioning Platform. 이는 점차 예측 기술을 뛰어넘어 알고리즘, 머신러닝, 심지어 인공 지능AI, Artificial Intelligence까지 사용한다. 행동 변화에 대한 인간 분석가와 의사 결정자를 위한 실시간 콘텍스트context로서 동향, 패턴, 이상치outliers를 탐지하는 모든 데이터 검색이 가능하다. 대량의 데이터로 의사 결정을

내리는 부담과 중요한 시점에 대한 인간의 개입을 덜어준다. 이것이 진정한 센티언스가 기업 안에서 성취되는 지점이다.

3장부터 7장까지 이러한 다섯 단계를 순차적으로 다루는 동안, 이 여정이 진행 중이라는 것과 진입이나 완료의 지점은 하나도 없다는 것을 기억해야 한다. 이 책은 데이터와 관련된 가장 강력한 가능성 있는 기민성과 가치를 지향하는 당신의 요구를 안내하는 북극성이라기보다는 결승선에 조금 덜 도달한 센티언트 엔터프라이즈라고 생각하라. 좋은 소식은 이 방법을 따르면서 커다란 승리를 찾으려 당신이 모든 것을 할 필요가 없다는 것이다. 물론 한 번에 할 필요도 없다.

비즈니스 규모의 분석적 깨우침

데이터는 다양한 산업 전반에서 발전을 추동하고 있다. 그러나 분석가와 비즈니스 사용자에서 의사 결정권자인 최고 경영진에 이르기까지 많은 사람이 데이터를 활용해 혁신하는 방법에 대해서는 충분히 알고 있지 않다.

수십 년 전 데이터는 IT 리더 대부분이 위엄 있고 느린 요구 사항 중심의 프로세스를 통해 나머지 기업 동료들에게 자원을 나눠주는 것이 충분히 합리적이었다. 이와 같은 접근은 여전히 필요하다. 그러나 모든 가정, 주머니, 지갑에 셀 수 없이 많은 실시간 셀프서비스 애플리케이션이 있는 세상에서 당황스럽게도 많은 기업은 혁신을 위해 이러한 자원을 필요로 하는 다양한 노동력이 데이터 및 분석 근육에 더욱 쉽게 접근할 수 있게 하는 데는 뒤처져 있다.

조직 차원에서 혁신과 의사 결정 지원을 위한 데이터 활용의 실패는 당신의 전체 비즈니스를 하향 궤도로 접어들게 할 수 있다. 오늘날 기업이 성공하려면 지속적으로 확장되는 데이터 유니버스data universe의 탐색이 필요하다.

이 책에서 다섯 단계 센티언트 엔터프라이즈 역량 성숙도 모델이 데이터를 청취하고 분석을 수행하며 자율적 의사 결정을 실시간으로 수행하는 방법을 비즈니스를 수행하는 자들과 기업의 손에 어떻게 전달할 수 있는지 시도할 것이다. 몇 개만 미리 언급한다면 버라이즌, 델, 시스코, 지엠, 웰스 파고, 지멘스 등 오늘날 가장 크고 성공적인 몇몇 조직의 최고 분석 전문가를 방문해 이 혁명이 여러모로 어떻게 시작됐는지 보려고 한다.

"우리 크레도Credo에서조차 크다는 것이 곧 최고가 되는 것은 아니라는 것을 매일 상기합니다." 버라이즌 와이어리스Verizon Wireless의 비즈니스 인텔리전스 고급 분석 담당Business Intelligence and Advanced Analytics 전무이사인 그레이스 황Grace Hwang은 이렇게 말했다. 그는 이 책의 집필을 위한 인터뷰에 누구보다 진지하게 임해준 최고 경영자 중 한 명이기도 하다. "우리 일은 규모의 경제를 활용하는 동시에 민첩하고 적극적이어야 합니다."

앞으로 나올 내용은 성공에 이르는 방식을 혁신함으로써 고민거리와 도전, 통찰력과 해결책인 이야기들을 공유하기로 합의한 버라이즌과 다른 영향력 있는 기업들의 실제적 세계 관점으로 채웠다. 사실 이 책 전체에서 우리는 광범위한 독자들을 대상으로 현장에서의 관련성과 접근성을 우선시한다.

이 책은 일반 비즈니스 독자가 쉽게 접근할 수 있도록 다양한 첨단 기술 정보를 위한 설명을 풍성하고도 간결하게 담았다. 실제로 서버server, 노드node, 데이터 웨어하우스 그리고 다른 인프라스트럭처infrastructure와 대규모 분석 인프라스트럭처로 들어가는 소프트웨어 리소스software resource의 타래skein로 가능해진 역량에 관해 이야기하지만 너무 어색하거나 지나치게 기술적이지 않은 관점에서 말한다.

혼란 없는 협업

글로벌 생산 수준까지 확장될 수 있는 많은 전문가와 대규모 인프라와 함께 일할 때 사람들이 차선을 유지하는 데 도움이 되는 적절한 플랫폼과 번거롭지 않은 관리가 없다면 협업이 혼돈으로 바뀌기 쉽다. 그러나 비즈니스의 다른 부분에 있는 사람들과 계속해서 효과적으로 협업하는 것이 중요하므로 사일로가 기민성의 장벽이 되지는 않는다.

다음 장들에서 애자일리티가 어떻게 엔터프라이즈 데이터를 분석할 수 있고 실시간 대규모로 자율 의사 결정을 내릴 수 있는 센티언스 지점에 이르도록 하는 열쇠가 되는지 알아본다. 애자일 시스템과 프로세스는 IT 장애물을 완화하고 데이터 액세스를 민주화하고 사일로를 해체한다. 이로써 데이터 중복, 오류, 단순한 혼란 같은 고비용의 비효율성을 방지한다.

『메리엄 웹스터 대학생 사전Merriam-Webster's Collegiate Dictionary』은 애자일을 '빠르고 쉬운 영감으로 움직이는 준비된 역량이 특징인' 또는 '재치 있고 적응력 있는 성격인'이라고 정의한다. 기업 세계에서 비즈니스 애자일리티는 대개 고객의 요구를 충족시키기 위한 신속하게 대응하고 변화 또는 적응을 조정하는 기업의 능력으로 정의된다. 이 책에서는 우리 목적에 걸맞게 목표화된 정의를 한다.

> 애자일리티는 큰 문제와 시스템을 작은 문제로 분해하는 능력이다.
> 그래서 문제를 해결하고 주위와 협력하기가 더 쉽다.

분석을 위한 새로운 애자일 환경을 만들려는 노력으로 애자일리티의 다양한 사례를 찾아 많은 산업을 조사했다. 이러한 산업 간 관점은 다른 비즈니스 환경을 통해 해결된 과제와 습득한 교훈을 살펴봄으로써 한 분야의 문제를 해결할 수 있다. 상황은 달라도 통찰력과 해결책이 놀랍도록 비슷할 수 있다.

예를 들어 통신 산업이 1970년대로 거슬러 올라간 개방형 시스템 간 상호 접속Open Systems Interconnection, OSI 모델을 검토함으로써 미래의 데이터 아키텍처에 대한 애자일 분해 접근 방식에 관해 많은 것을 배울 수 있다. OSI는 다양한 전문가 사이의 더 나은 협업을 위해 복잡한 인프라(배선, 릴레이 회로, 소프트웨어 등)를 관리하기 쉬운 덩어리로 분할하도록 향상됐다.

모듈식modular으로 디자인됐지만 **추상화 계층**abstraction layers으로 알려진 시스템의 상호 운용이 가능한 OSI는 (예를 들어) 소프트웨어 프로그래머 작업이 엔지니어와 라인 작업자가 현장에서 하고 있을 것과 또는 그 반대의 경우와도 충돌하지 않는다고 보장한다. 40년 전에 개발된 OSI를 예로 들기 좋아하는 이유는 큰 시스템이 겹쳐있지만 독특하고 관리하기 쉬운 요소들로 분할하는 기술이 오늘날 일부 최첨단 설정에서 계속해서 보게 되는 애자일리티를 위한 강력한 요소이기 때문이다.

이 말이 의미하는 바를 알려면 닥커Docker(www.docker.com)라는 기술을 확인하길 바란다. 닥커는 애플리케이션 구축 프로세스를 관리 가능한 단계들로 나눈다. 단순한 닥커 엔진과 클라우드 베이스인 닥커 허브를 통해 개발과 품질 보증QA, Quality Assurance, 생산 환경 간 지연과 마찰을 줄일 수 방식으로 모듈식 구성 요소에서 앱을 조립하게 해준다. 더 작은 구성 요소로 분해함으로써 닥커는 애플리케이션 구축 프로세스를 관리하기 더욱 쉽고 안정적으로 만드는 것을 목표로 한다.

또 다른 예는 소프트웨어 아키텍처 구축을 위한 전체 '마이크로서비스microservices' 접근법이다. 다양한 비즈니스 애플리케이션을 통합하는 전통적 서비스 지향 아키텍처[SOA, Service-oriented Architectures]와는 달리, 마이크로서비스 아키텍처는 소규모의 독립적 프로세스에서 구축된 복잡한 애플리케이션을 포함한다. 이러한 프로세스는 언어에 구애받지 않는 애플리케이션 프로그래밍 인터페이스[API, Application Programming Interface]를 사용해 서로 자유롭게 의사소통한다.

마이크로서비스로 계속해서 강력한 아키텍처를 구축하면서도 별개의 작은 작업에 집중하도록 세분된 모듈식 요소들이 더 효율적으로 이뤄진다. 결과적으로 마이크로서비스 아키텍처는 엄청나게 애자일할 수 있다. 이것들은 연속적 전달 소프트웨어 개발을 촉진하고 사용자 인터페이스, 물류, 청구 및 기타 작업과 같은 고유 기능들을 중심으로 구성된 서비스를 쉽게 업데이트하거나 개선하도록 해준다.

진화된 여정 (이미 시작됐다!)

이러한 예들은 우리가 어떻게 모놀리식[monolithic][5]과 애자일이 아닌 IT 애플리케이션에서 멀어진 여정 위에 있는지를 보여준다. 다만 이 책에서 종종 강조하는 부분, 즉 여정에 따른 한 가지 원칙은 **올바른 거버넌스** 같은 것으로 감싸야 한다는 것이다. 그래야 새로운 애자일 시스템이 해결하고 있는 것보다 더 많은 문제를 만들어내지 않는다. 새롭고 애자일한 방법론을 지원하기 위해 우리는 일종의 (매끄럽고 고장이 없는) 거버넌스를 제자리에 두지 않은 채 오래된 시스템과 규칙을 완화하려 할 때 발생하는 데이터 무질서와 오류에 대한 미국 개척 시대 황량한 서부[Wild West] 함정을 통해 이야기할 것이다.

---

5 사용자 인터페이스, 데이터베이스 접근, 그리고 비즈니스 로직이 일체형을 잇는 구조 – 옮긴이

기업이 취하는 센티언스로 여정의 단계 대부분이 어떻게 문제들을 관리 가능한 구성 요소로 분해하는 애자일리티의 정의를 따르는지 알아볼 것이다. 애자일리티 단어는 센티언트 엔터프라이즈의 다섯 단계 중 첫 번째 단계에도 포함된다. 이는 애자일 데이터 플랫폼으로 어떻게 기민성이 오늘날의 데이터 중심 시장에서 살아남고 경쟁하려는 사람을 위해 필요한지에 대한 증거이기도 하다.

다행히 기업 데이터를 중심으로 더 많은 애자일리티와 센티언스에 대한 권한을 이행하는 데 출발점에 있지 않고 멀리 와있다. 이베이에서, 그리고 지금 테라데이타에서 근무하는 동안 공동 저자 팀의 실무자(올리버)는 분석을 위한 협업과 애자일 플랫폼을 개발하기 위해 노력해왔다. OSI의 추상화 계층과 같은 정신으로 분석 플랫폼은 데이터 과학자와 다른 사용자들이 안전하고 유익한 데이터를 중심으로 수집하고 정확한 통찰력을 갖도록 돕는다.

센티언트 엔터프라이즈는 이제 협업을 위한 플랫폼 접근 방식을 완전히 새롭고 규모에 맞게 조정된 수준으로 끌어올린다. 무엇보다 여러분은 계층화된 데이터 아키텍처Layered Data Architecture에 대해 알게 될 것이며 2장에서 더 자세히 이야기할 것이다. 간단히 말해 이것은 다른 기술 수준과 작업 설명을 가진 많은 사용자가 동시에 맞춤형으로 액세스할 수 있는 계층화된 시스템으로 마치 데이터 아키텍처를 위한 OSI 스타일 신경 센터와 같다.

현장에서 케이블을 설치하기 위해 전화선 작업자가 파견되는 것처럼, 시스템 트래픽 엔지니어가 라우팅 방법에 집중하는 동안 계층화된 데이터 아키텍처는 딥다이브 데이터the deep-dive data 과학자가 몰두한 소스 시스템이나 미세입자 모델링을 엉망으로 만들지 않고도 운영 분석가를 바삐 움직이게 하고 핵심 성과 지표^{KPI, Key Performance Indicators} 측정과 관련된 데이터를 받게 한다.

결과적으로 계층화된 데이터 아키텍처는 센티언트 엔터프라이즈를 구성하는 다섯 가지 보완적 플랫폼의 기초가 된다.

1. 애자일 데이터 플랫폼^{Agile Data Platform}
2. 행동 데이터 플랫폼^{Behavioral Data Platform}
3. 협업 아이디에이션 플랫폼^{Collaborative Ideation Platform}
4. 분석 애플리케이션 플랫폼^{Analytical Application Platform}
5. 자율 의사 결정 플랫폼^{Autonomous Decisioning Platform}

애자일하고 긴밀하게 연결된 다섯 가지 플랫폼의 환경 구축으로 데이터에 관한 조직의 역량을 성숙시킨다. 센티언트 엔터프라이즈를 많은 조직이 역량과 성공을 위한 척도로 사용할 수 있는 '역량 성숙도 모델'이라고 부르는 이유로 비즈니스 프로세스 및 품질 관리를 위한 그 유명한 식스 시그마 방법론^{Six Sigma methodology}[6]과 다르지 않다.

애자일리티를 위한 프레임워크

1장에서 논의하겠지만 센티언트 엔터프라이즈는 빅 데이터와 분석에 대한 두 개의 매우 뚜렷하면서도 보완적인 관점의 결과다. 학술 연구자이자 기업 고문인 모한은 비즈니스에서 데이터의 중추적인 역할에 대한 이해를 수년 동안 키워 왔다. 올리버의 관점은 수익을, 종종 도전을, 그리고 기업이 시간이 지남에 따라 데이터 및 기술을 지키려 한 관계를 관리하던 기술

---

6 기업의 품질 혁신과 고객의 요구를 만족시키기 위해 실행하는 기업 경영 전략 – 옮긴이

경영진이자 실무자로서의 오랜 경력에서 온 것이다.

2013년 11월에 처음으로 둘의 메모를 비교한 이후, 이 성숙도 모델 작성을 반복하고 있다. 시카고 근처에서 저녁 식사 모임을 하는 동안 우리의 첫 '아하^{aha}!' 순간은 전혀 다른 경력에도 불구하고 둘의 시각이 더할 나위 없이 딱 들어맞는 것처럼 보여 더욱 흥미로웠다. 기술, 거버넌스, 인적 참여의 적절한 조합을 통해 새로운 차원으로 엔터프라이즈 분석을 시작하면서 규모를 줄일 수 있는 바람직한 스타트업 애자일리티를 유지하는 방법에 대해 정리했다.

여기서 빠진 부분은 이 연금술을 이해하고 최적화하기 위한 프레임워크였다. 이는 어떤 기업에 의해서든 시도해 볼 비전과 자원으로 복제될 수 있다. 몇 년간 수행된 공동 협력과 연구 결과 센티언트 엔터프라이즈 프레임워크가 만들어졌으며 이 책은 센티언트 엔터프라이즈에 대한 선언문이 되는 셈이다.

센티언트 엔터프라이즈를 이미 빅 데이터와 이를 잘 활용하는 산업을 위해 가능한 것을 변형시키고 과급하기 시작한 방법에서 분석력, 비즈니스 관행과 인간 역학을 조화시키는 로드맵으로 생각하라. 우리 경력에 있어 이러한 경향에 대한 서로의 점진적인 이해와 현재 시점으로 진화를 가져왔던 협업 연금술로 센티언트 엔터프라이즈를 분석해 애자일리티를 위한 실용적인 프레임워크로 제시하고, 당신의 비즈니스 애플리케이션에도 적용할 수 있을 것이다.

CHAPTER 1

엔터프라이즈
재구상하기

일리노이주 에번스턴^{Evanston}에 있는 스테인드 글라스 비스트로^{Stained Glass Bistro}는 인상적인 와인 플라이트와 특별한 치즈, 돼지고기^{charcuterie} 요리가 있는 떠들썩한 와인바다. 2013년 11월 12일 그곳에서 저녁 식사를 하던 우리는 바의 분위기에 전혀 관심이 없었다. 켈로그 경영대학원^{Kellogg School of Management} 인근에 있는 모한의 사무실에서 시작된 대규모 엔터프라이즈 분석론에 관한 열띤 논의가 식사 중에도 계속 이어졌기 때문이다.

친한 친구인 메리 그로스^{Mary Gros}가 앞서 소개했듯 수십 년간 경험을 쌓은 베테랑 기술 전문가인 우리는 두 가지 다른 관점에서 산업을 도표화하려고 노력했다. 모한은 학술 연구원, 컨설턴트, 기술 기업 이사로 있으며 올리버는 노련한 분석 전문가이자 이베이^{eBay}, 시어스^{Sears} 및 현재 테라데이타^{Teradata}와 같은 주요 기업에서 임원으로 재직 중이다.

테이블 위로 아이디어와 와인 잔이 오가는 가운데 서로 다른 관점을 보완하는 퍼즐 조각이 한데 어우러지더니 갑자기 데이터 기반 엔터프라이즈^{data-driven enterprise}의 수행을 위한 여정이 명확하게 그려졌다. 기술의 급속한 발전과 데이터의 폭발이 이제 대규모 엔터프라이즈의 본질을 변화시키고 있으며 성숙한 분석이 미래 생존의 열쇠라는 것을 깨닫기 시작했다.

찬 기운이 온몸을 휘감았던 11월의 어느 화요일, 우리의 통찰력은 놀라울 정도로 오래 지속됐다. 대규모 데이터 중심의 기업을 위한 역량 성숙도 모델^{Capability Maturity Model}을 개발한 것은 물론이고 이 책에 정리하는 우리만의 단계별 여정이 시작된 날짜 2013년 11월 12일도 상서로워 보였다. 모든 기업이 가야 할 여정이지만 용감한 몇몇 기업만이 시작한, 우리가 '센티언트 엔터프라이즈^{Sentient Enterprise}'라고 부르는 최종 상태로 나아가고 있다.

이후 우리는 애자일 데이터 플랫폼Agile Data Platform, 행동 데이터 플랫폼 Behavioral Data Platform, 협업 아이디에이션 플랫폼Collaborative Ideation Platform, 분석 애플리케이션 플랫폼Analytical Application Platform, 자율 의사 결정 플랫폼 Autonomous Decisioning Platform이라는 다섯 단계의 세부 사항을 채워왔다. 모든 것은 스테인드 글라스 비스트로에서의 첫 만남에서 촉발된 통찰력에 기초한다. 저녁 식사에서 생각해낸 초기의 '센티언트 엔터프라이즈'라는 용어도 마찬가지다. 정보를 얻고 알고리즘을 사용해 스스로 상당 부분 의사 결정을 내리는 기업과 함께 실시간으로 데이터 속도에 맞춰 결정해야 하는 필요성을 논의했다. 모한은 어떻게 그러한 기업이 유기체, 센티언트 유기체sentient organism '센티언트 엔터프라이즈'와 흡사한지를 관찰했다.

센티언트 엔터프라이즈는 단지 성숙한 모델이나 책 제목으로 설득력이 있어서 선택한 용어가 아니다. 분석 과정 전체를 이끄는 최종 상태를 함축하기 때문에 붙여진 이름이다. 센티언트 엔터프라이즈는 모든 기업이 데이터의 속도로 결정을 하기 위해 애를 쓰며 열망해야 할 일종의 북극성이다.

파괴와 의사 결정하기

헨리 포드Henry Ford는 (정확한 문구는 아니지만) "내가 사람들에게 원하는 게 뭔지 물었다면 더 빨리 말했을 것이다"라고 말한 것으로 유명하다. 대신 그는 1908년에 T 모델 자동차를 만들고 생산에 조립 라인 접근법을 도입할 것을 선택하면서 앞선 교통수단을 중단시키고 재정립시켰다. 한 세기가 지난 후 스티브 잡스Steve Jobs는 우리가 전화와 모바일 기능들을 전반적으로 바라보는 방식에 있어 즉각적이고 총체적 게임 체인저인 애플 아이폰Apple iPhone을 개발하는 데 매우 유사한 태도와 결과를 얻었다.

이것들은 1995년에 만들어졌지만 이미 현대 비즈니스 이론과 실천에 정착된 용어인 파괴적 혁신의 대표 사례들이다. 오늘날, 현상 유지를 무시하거나 해체하는 것이 수많은 비즈니스 계획에 포함돼 있다. 기업가들은 전체 산업과 제품 라인의 대대적 재작업을 벌이고 있다. 투자자들은 점진적으로 이런 혁명가를 지지하면서 파괴적인 플레이북에 돈을 투자하고 있다.

일련의 파괴자인 일론 머스크Elon musk는 1998년 페이팔PayPal의 출현으로 전자 상거래를 뒤엎어 개선한 것으로 유명한 전설적 인물이다. 5년 후에는 테슬라 모터스Tesla Motors를 설립해 헨리 포드의 자동차 산업의 변화를 반영했다. 디자인과 제조부터 서비스와 운영에 이르기까지 테슬라 전기, 소프트웨어 집약적 차량은 오늘날의 자동차를 재정의했다. (솔직히 털어놓자면 우리는 자랑스러운 테슬라 소유자이자 테슬라 기업과 테슬라 접근 방식의 열성 지지자다.) 또 다른 파괴의 예로, 테슬라는 오픈 소스 혁신이 어떤 기업이라도 독자적 아이디어를 통해 달성할 수 있는 것보다 더 많은 성과를 거둘 수 있다고 믿고 2014년에 보유 중인 특허를 전부 공개하기까지 했다.

파괴적 혁신은 정의한 대로 현 상태에 확립돼 남아 있는 기업과 분야를 대체한다. 항상 패자는 있기 마련이다. 예를 들어 보더스 북스Borders Books와 라디오섹RadioShack은 원활한 다중 채널 고객 참여 모델을 통해 온·오프라인으로 나눠 격차를 줄이는 데 실패한 소매업체다. 그들은 파괴disruption와 파산bankruptcy이 어떻게 같은 언어적 뿌리를 공유하는지 어렵게 배웠다.

그러나 현대의 분석은 이해관계를 높이고 완전히 다른 규모로 혼란을 가져온다. 데이터 중심화가 모든 산업에 걸쳐 표준으로 자리 잡으면서 특정 제품이나 부문 또는 서비스의 노후화에 직면하지 않게 됐다. 이제는 주요 기업 대부분이 기반을 둔 기본적인 비즈니스 모델의 종말을 목격하고 있다.

실제로 빅 데이터와 함께 제공되는 새로운 분석 기능은 대규모 엔터프라이즈를 구조화하고 금융을 운영하는지에서부터 어떻게 기회를 모색하고 인력을 투입하는지에 이르기까지 모든 것을 변화시키고 있다. 분석은 데이터 소스를 듣고 데이터가 무엇을 말하고 있는지 이해하고 거의 실시간 정보에 입각한 의사 결정을 내리는데 이를 사용하는 조직의 능력에 혁명을 일으킬 수 있다.

시스코의 자기 파괴: 목적과 규모에 따른

오늘날 비즈니스에 종사하는 모든 사람에게는 파괴에 관한 기초적 글들이 요구된다. 사실상 문제는 파괴가 어떻게 일어나고 왜 일어나는가가 아니라 승자와 패자가 누구인지에 대한 개념이다. 이로써 '파괴하거나 파괴되는disrupt or be disrupted' 만트라mantra[1]를 둘러싼 두 번째 통찰력이 생겨났다(최근 구글로 검색했을 때 1,400만 건의 검색 결과로 판단컨대 실제로 매우 큰 파도다).

7만 명 이상의 직원과 24만 명의 업계 파트너를 포함하는 글로벌 네트워킹 기업인 시스코 시스템즈Cisco Systems의 사례를 생각해보라. 전 세계 네트워킹 트래픽의 약 80%가 특정 시점에 시스코 인프라를 통과한다. 기업은 경쟁하는 모든 시장에서 지속적으로 1위 또는 2위를 유지한다. 시스코는 여전히 생존에 목숨 거는 것처럼 공격적이고 전사적인 자기 붕괴self-disruption 노력을 추구하고 있다. 그것이 사실이기 때문이다.

최근 시스코 시스템즈의 수석 부사장 겸 최고 디지털 책임자인 케빈 밴디Kevin Bandy를 만났다. 하드웨어 집중 모델에서 반복되는 수익에 중점을 둔 소프트웨어와 소비 기반 모델로 시스템의 자가 변환을 공유하면서 기업

---

1 진언. 힌두교에서 기도 또는 명상 때 외우는 주문 – 옮긴이

이 경쟁사와 경쟁하지 않고 자체 고객의 미래 요구와 경쟁하고 있다고 설명했다.

"무어Moore의 법칙에 따라 비즈니스 모델이 18개월에서 24개월마다 변하고 있습니다." 밴디가 말했다. "변화의 원동력은 고객의 목소리, 그리고 혁신에 대해 고객이 미래에 어떻게 소비할 것인지와 관련한 향후 소비 전망이었습니다."

마라톤 주자들은 목이 마르기 전에 수분을 공급할 줄 안다. 기업이 절망에 빠지기 전에 스스로 파괴할 필요가 있는 기업들에 대해서도 마찬가지다. "다른 누군가가 우리를 파괴하도록 두느니 차라리 우리 자신을 파괴하기로 했습니다." 케빈이 설명했다. "우리의 운영 수준에서 특히 중요합니다. 글로벌 네트워킹 트래픽의 80%는 너무 중요해서 실패하게 둘 수 없습니다."

지속 가능한 방법으로 자기 파괴

소규모 스타트업이라면 파괴는 몇 번의 시장 순환으로 당신에게 힘을 주는 지적 레드 불Red Bull과 같다. 소규모이기 때문에 매우 기민할 수 있다. 그리고 스타트업의 90%가 어떻게 몇 년 안에 실패하는지를 생각한다면 장기 생존은 대부분 추상적이기 때문에 큰 충돌의 위험을 감수할 수 있다.

자신에게 의존하는 고객 생태계를 가진 대규모 엔터프라이즈는 이런 방식으로 생각할 여유가 없고, 그렇다고 가만히 앉아 있을 여유도 없다. 바늘에 실을 꿰기 위해 시스코와 같은 대기업들은 지속할 수 있고 확장 가능한 모델의 콘텍스트에서 파괴와 기업가 정신을 촉진하고 있다. 와튼 스쿨Wharton School의 에릭 클레몬스Eric Clemons가 말하는 '전체 비즈니스의 구조와 전략structure and strategy of the entire business'을 가로지르는 파괴에 대한 '편재적all-pervasive' 접근 방식으로 당신은 인간, 프로세스, 동작 및 역량의 디지털 운영 모델을 구축하고 있다.

내일을 계속 예상하지 않는다면 오늘의 가장 큰 성공도 언제나 빌린 시간에 있을 것이다. 특히 분석에서는 더 그렇다. 고객들이 제품뿐만 아니라 자신의 모든 비즈니스가 의존하는 전체 디지털 환경을 구매할 수 있는 곳이기 때문이다.

"무어의 법칙Moore's Law에서 말하는 논리와 규모에 있어 혁신을 세우기 위한 기업 시간표가 18개월에서 24개월이 될 수 있는 현실을 생각해보세요." 케빈은 설명했다. "우리가 잘못된 해결책을 고수했다는 걸 깨닫는 그때에만, 해결하고 재건하는 데 또 다른 2년을 쓸 수 있습니다. 전체 주기는 기술 시계상 수년이 걸립니다. 전화를 잘못 걸었을 경우 자신과 고객의 비즈니스를 중단시킬 수 있는 충분한 시간입니다."

시스코의 이야기는 특히 신뢰할 수 있는 자문 역할을 하는 대규모 엔터프라이즈에 있어 파괴를 앞서가는 것이 어떻게 성패를 좌우하는 제안이 되는지를 보여준다. 고객들이 지금 당신을 어떻게 생각하든 간에 당신이 내일을 위해 필요로 하는 올바른 혁신이 있는 곳에 없다면 고객들은 당신을 버리거나, 당신과 함께 비즈니스를 그만둘 것이다.

"센티언트 엔터프라이즈 성숙도 모델을 계속 발전시킬수록 당신을 의지하는 사람들의 도전을 만나게 될 것입니다." 제너럴 모터스General Motors의 빅데이터 인프라 및 플랫폼 엔지니어링 이사인 브렛 버메트Brett Vermette가 반복해 말한다. "즐거움은 수요가 되고 실험은 기대가 됩니다."

연결이 끊어진 수백 개의 데이터 마트를 더욱 긴밀하게 통합된 애자일 환경이 되도록 강화하기 위한 GM의 자체 주도적 변혁에 대해 인터뷰했다. "2013년 초에 6주 동안 집중적으로 엔터프라이즈 데이터 웨어하우스 프로그램을 시작했습니다." 브렛이 말했다. "데이터 센터에 60개 크레이트 crates 인프라 설치를 포함하고 글로벌 데이터 웨어하우스 기반을 구축하고 시간이 지나면서 200개 이상의 사일로 리포지토리와 데이터 마트를 통합하는 등 주요 혁신 프로그램이었습니다."

"GM은 IT 혁신의 일환으로 수천 명의 새로운 대학 졸업생과 숙련된 IT 전문가를 고용해 타사 공급 업체가 이전에 수행한 작업을 처리했습니다." 계속해서 브렛이 말했다. "최고의 리더십 지원을 받은 것은 행운이었습니다. 도전은 여전히 애자일과 혁신적인 방법들로 어떻게 해야 기업 전체를 더 동원할 수 있는지에 관한 것이었습니다. 모든 면에서 애자일리티 전쟁과 싸우는 것과 같습니다." 3장에서 GM이 이러한 노력으로 어떻게 성공을 거뒀는지 자세히 살펴볼 것이다.

분석 취약점과 자체 서비스 혁명

GM은 100년 넘는 역사를 지닌 뿌리 깊은 제조 기업이다. 이러한 레거시 기관마저 분석을 수용한다는 사실은 데이터가 모든 시장과 산업에 얼마나 깊이 침투했는지를 보여준다. 실제로는 디지털화된 정보의 세계적인 쓰나미에 대한 재정적 영향이 너무 중요해 세계 경제 포럼World Economic Forum이 통화 또는 금과 같은 새로운 종류의 경제적 자산으로 빅 데이터를 지정한 것이다.

한편 MIT 디지털 비즈니스 센터의 연구는 데이터 기반 비즈니스가 실제로 어떻게 우위를 점하고 있는지 보여주는 많은 것을 대표한다. 미국 비즈니스를 주도하는 330개 기업에 대한 설문 조사는 데이터 기반 의사 결정에 중점을 둠으로써 평균 생산성은 4% 포인트 높아졌고 전반적으로 6% 포인트의 수익이 오른 것을 보여줬다.

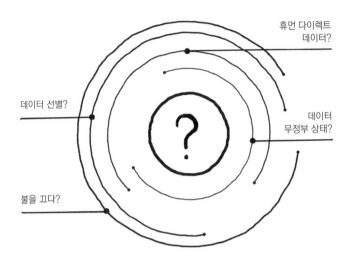

그런데도 많은 기업은 대규모 데이터양^{data volumes}과 조직의 장애물을 결합해 대규모로 작업하는 모든 데이터 과학자에게 친숙한 분석 문제를 일으켜 어려움을 겪고 있다. 무엇보다 우리는 대부분 시간을 의사 결정 대신 데이터 선별에 사용한다는 것이다. 우리는 반응 모드에서 끊임없이 미래를 계획하는 대신 불을 피우고 있다. 우리의 뇌가 데이터의 방식으로 확장되지 않는다는 점을 고려하면 빨리 결정할 수 없는 게 당연하다.

전산 신경 과학자들의 합의는 인간의 뇌 저장 용량을 10테라바이트에서 100테라바이트 사이 정도에 둔다. 이를 연간 1조 기가바이트(1,000기가바이트는 1테라바이트와 같다) 이상의 전 세계 데이터 폭발과 비교하고 2020년까지 매달 30엑사바이트(또는 300억 기가바이트)의 기록과 비교하라. 그러면 당신은 거의 모든 기업의 도전과 기회의 뿌리를 보기 시작할 것이다.

성공은 기술이 전 세계를 주문형^{on-demand}, 셀프서비스 커뮤니티로 변화시킴에 따라 데이터와 데이터 주변 인간의 기대 및 상호 작용 둘 다의 변화하는 특성을 인식하는 것을 포함한다. 포레스터 리서치^{Forester Research}의 최근 조사에 따르면 온라인 고객의 73%가 시간을 가장 중요한 고객 서비스 우선순위로 생각하는 반면, 또 다른 설문 조사는 고객의 4분의 3이 고객 서비스 문제를 스스로 해결하기를 선호한다고 응답했다.

셀프서비스는 보험 기록에 접근하거나 의사가 진료실에 체크인하는 것처럼 개인정보나 민감한 정보를 포함한 업무를 지배하게 됐다. 다른 데이터 포인트 중에서 「하버드 비즈니스 리뷰Harvard Business Review」 보고서는 레스토랑의 증가에 따른 셀프서비스를 발견했다. 2013년에는 11개 국가의 소비자에 대한 대규모 시스코 설문 조사에 따르면 61%가 완전 자동화된 매장에서 기꺼이 쇼핑할 의사가 있다고 답했다. 지금은 아마존 고Amazon Go의 출현으로 이를 실현 가능하고 널리 보급된 옵션이 되게 했다.

셀프서비스 옵션은 제품과 정보를 받는 것뿐만 아니라 이것들을 만드는 평균적인 인간의 능력에도 혁명을 일으켰다. 대표적인 예는 소프트웨어 개발 키트SDK, software development kit의 출현이나 고급 소프트웨어 개발 기술을 적용한 데브키트devkit와 함께 누구나 쉽게 할 수 있는 모바일 앱 제작 트렌드다.

예를 들어 2011년에 14세의 로버트 네이Robert Nay는 아이폰, 아이패드, 안드로이드용 모바일 게임인 버블 볼Bubble Ball을 만들기 위해 무료 버전의 코로나Corona SDK를 이용했다. 이 게임은 출시 첫날 40만 회 다운로드 됐고 애플 스토어Apple Store 순위에서 〈앵그리 버드Angry Birds〉2를 계속 밀어냈다. 로버트는 한 달 만에 혼자서 게임을 프로그래밍했다. 우리는 쇼핑과 게임 분야에서 얼마나 멀리 왔는지에 따라 오늘날 데이터 기반 기업에서 일하는 대부분 직원이 비즈니스 인텔리전스와 분석에 대해 같은 자유를 요구하는 이유를 알기 시작한다.

---

2 새들이 돼지에게 도둑맞은 자신의 알을 되찾으려고 장애물을 격파해 점수를 얻는 방식의 퍼즐 모바일 게임으로 이 책이 저술된 시점에 가장 인기가 많았다. - 옮긴이

접근과 통제

당신이 대기업의 중견 데이터 과학자라고 상상해보라. 집에 돌아와서 보니 10대 자녀가 로버트 네이의 사례를 따라 무료 온라인 데브키트를 사용해 오디오, 그래픽, 암호화, 네트워킹부터 가속도계, 사용자 입력 데이터와 같은 장치 정보에 이르기까지 모든 것을 조작할 수 있다.

그러나 불행히도 자녀가 학우들에게 새로운 스매시 히트smash-hit 게임을 과시하러 학교로 달려가는 동안, 당신은 사무실로 달려가 재무부가 자산 할당에 대한 의사 결정을 내리기 위해 데이터 연구 프로젝트를 완료하는 데 왜 18개월이 걸리는지 물으면서 IT 부서 문을 주먹으로 쾅쾅 때릴 것이다!

당신은 수완이 좋은 직원이므로 좋은 답이나 더 나은 타임라인을 얻지 못하면 더 좋은 방법을 찾으려 할 것이다. 기업의 광범위한 데이터 인프라에서 수집한 사본 모음collection of copies인 데이터 마트를 신속하게 구축해 자신의 특정 비즈니스 요구 사항(이 경우 재무)에 맞게 사용자를 지정할 수 있다. 요약하자면 이 데이터 마트는 유용하고 적절하다고 생각되는 통찰력을 얻고 있다. 시장 출시 시기가 가장 까다로운 환경에서 애자일리티를 확보할 수 있는 방법이다.

문제는 유용해 보일 수 있는 데이터가 거의 없다는 것이다. 관련 있어 보이는 정보가 명백한 오류일 수 있다. 기업 데이터의 작은 부분이 정보를 복사하고 데이터베이스의 운영, 유지 관리, 업데이트, 재설정으로 인한 데이터의 예측할 수 없고 끝이 없는 데이터 변형과 같은 데이터 드리프트data drift를 도입하는 것 같다. 당신은 애자일리티의 모습 속에서 혼돈을 만들었다. 이것은 가설일 뿐 가상의 다른 많은 악몽 시나리오 중 하나다. 오늘날 대부분의 대규모 엔터프라이즈에는 불행한 현실이다.

데이터 주변의 통제, 접근, 가치의 이러한 문제들은 새로운 것이 아니다. 에번스턴에서의 첫 만남 전에 각자 이 그림의 다양한 부분에 관한 수십 개의 기조연설과 강연을 했다. 올리버는 처음부터 끝까지 비즈니스 리더들과 생산 규모 분석 기능을 구축하는 과정에서 나온 시련, 고난, 기회를 정기적으로 공유했다. 한편 모한은 1,500명 이상의 분석 전문가와 함께 바쁜 연구원, 컨설턴트, 그리고 공공 기업의 이사로서 자신의 관점에서 임원들과 유사한 라운드를 만들었다.

그러나 프레젠테이션은 일방적인 대화가 되는 경향이 있다. 우리 둘이 마침내 만나서 메모를 비교하고 미래에 대한 비전을 생각해낸 것은 계시였다. 올리버가 어떻게 참호 속에 있었고 모한이 구름 속에 있었는지 깨달았다. **빅 데이터**라는 용어가 인기를 얻기 전에 올리버는 너무 바빠서 이름을 인식하지 못하는 더 큰 분석 여정을 보내며 그라운드 제로ground zero 3에서 고생하고 있었다. 한편 모한은 올리버의 일상생활 대부분을 구성했던 통찰 '방법how to' 없이 광범위한 산업 동향을 도표화하면서 3만 피트에서 동일한 역동성을 보고 있었다. 마침내 우리의 결합된 관점은 비전, 전략, 재무, 실행과 같은 것들 사이의 점들을 연결했다.

데이터 기반 경제에 대한 결합된 관점인 확장된 대시보드는 위험과 보상에 대한 데이터양, 복잡성, 속도의 급격한 증가와 관련된 함정과 보상을 명확히 알게 됐다. 오늘날 지구상의 모든 사람에게서 분당 1.7메가바이트 이상이 생성되고 있다. 이러한 데이터의 양적 증가의 많은 부분은 소위 행동 데이터와 관련이 있는데, 이는 트랜잭션transaction 사이에 발생하는 모든 이벤트와 데이터 포인트다. 이것은 인간과 기계가 생성한 데이터에서 파생된 것들로 행동 패턴을 도표화하고 상호 작용을 이해하는 데 도움이 된

---

3 폭발물이 폭발한 지점 바로 아래의 붕괴 지점 - 옮긴이

다. 더는 집계된 데이터 포인트를 계산하는 데 그치지 않고 복잡한 방식으로 연결하고 있다.

행동 데이터를 처리할 때 부작용 중 하나는 통찰력을 내는 우리의 능력을 빠르게 능가하는 데이터양의 폭발적인 증가다. 메타데이터 관리나 의미와 가치를 부여하는 관련 기술에 관해 이야기할 때 단순한 사실은 인간의 두뇌가 데이터 방식을 확장하지 않는다는 것이다. 제조된 모든 제품에는 조립까지 이어지는 수백 또는 수천 개의 데이터 포인트가 있을 수 있다. 그리고 모든 구매 거래에 대해서도 백 가지가 넘는 상호 작용이 특히 전자상거래에서 있을 수 있다.

빅 데이터 이전 시대나 심지어 오늘날에도 오프라인 매장을 초라하게 방문한다고 생각해보라. 우리가 추정한 바로는 통로를 걸어가고 계산대에서 물건을 사는 과정에서 품목, 가격, 신용 카드 정보, 그리고 그보다 훨씬 많은 정보가 포함된 약 100바이트의 데이터를 생성할 수 있다.

이에 반해 오늘날 온라인 소매 사이트를 방문하는 평균 시간은 사용자가 조회한 품목과 고객 리뷰(그리고 얼마나 오래)에서부터 온라인 쇼핑 카트에 어떤 제품을 넣었는지, 체크아웃을 통해 거기에 머물렀는지까지 수백 킬로바이트의 데이터를 생성할 수 있다. 이 포인트 중 어느 하나는 분석과 더 추가된 데이터 생성의 대상이 된다.

오늘날 온라인 고객에게서 배울 수 있는 것은 실제로 매장을 방문하는 동안 모든 단계를 추적하는 것과 유사하다. 마치 문을 통과한 다음 전체 비디오 스트림을 프레임별로 수집하고 분석하는 모든 고객의 머리에 고프로 GoPro 비디오카메라를 장착하는 것과 같다. 그러나 이 책의 끝부분에서 이야기할 개인 정보 보호, 데이터 보호, 정보 보안 규정을 포함해 해당 데이터를 캡처하고 책임 있게 관리할 구조가 없다면 해당 정보를 최대한 완벽하고 책임감 있게 활용할 수 없다.

필연적 진화

에번스턴에서 첫 만남이 있은 지 오랜 시간이 흐르고 여러 문제가 머릿속에 맴돌았다. 다음 며칠에서 몇 주에 걸쳐 비행기와 택시, 회의와 여가의 시간 사이에 우리는 생각과 에너지를 일치시키는 초기 프레임워크를 만들었다. 우리는 끊임없이 연락했고, 전화와 이메일을 통해서 무엇이 센티언트 엔터프라이즈 여정이 됐는지에 대한 이해를 구체화할 수 있었다.

우리가 정렬하면 할수록 센티언트 엔터프라이즈 여정이 전체 산업을 파괴하면서 경제의 거의 모든 분야에 걸쳐있는 대기업들의 본질, 즉 정체성을 변화시키는 진화적 여정이라는 것을 더 잘 이해할 수 있었다. 많은 사람이 엔터프라이즈가 데이터와 분석으로 무엇을 할 수 있는지 이야기한다. 그러나 데이터와 분석이 대규모 비즈니스에 어떤 영향을 주는지 이해하는 것 또한 절대적으로 중요하다.

1장의 앞부분에서 소개한 시스코와 GM의 이야기로 알 수 있듯 데이터와 데이터 제품을 활용하는 방식에 방해되지 않는 산업은 없고 어떤 대기업도 형세를 관망할 여유가 없다. 빅 데이터는 파괴적이고 막을 수 없는 물결이며 조직 내 변화를 주도하는 리더는 다른 기업들이 먼저 하기 전에 스스로 파괴자가 되는 것 외에는 다른 선택의 여지가 없다는 것을 인정하는 사람들이다.

이러한 절박한 현실은 센티언트 엔터프라이즈 여정을 선택 사항이 아닌 생존의 필수 진화 과정으로 인식하게 한다. 우리는 이것을 '스테로이드에 대한 변화 관리change management on steroids'라고 부르며 문제를 더 악화시키지 않는 방식으로 변화에 대한 분명한 요구에 귀를 기울여야 한다.

예를 들어 신속한 의사 결정을 위해 조직 전체의 데이터 액세스를 민주화하는 것이 얼마나 중요한지를 살펴볼 것이다. 또한 통찰력을 확장하고 비즈니스 사용자 커뮤니티를 정렬하는 열쇠가 어떻게 최대한의 협업을 위한 환경을 조성하는지를 보게 될 것이다. 협업은 소셜 미디어와 게임, 사용자가 자연스럽게 참여하도록 유도하는 다른 영역에서 교훈을 얻는 '분석용 링크드인LinkedIn for Analytics' 접근법이다.

그러나 문서화나 거버넌스 폐기와 같은 지름길로는 이러한 애자일리티를 달성할 수는 없다. 와일드 웨스트Wild West 4 접근법은 데이터 드리프트, 복제, 파괴적인 정보 무정부 상태로 인해 득보다 실이 많을 것이다. 우리의 기술을 직원, 고객, 전체 비즈니스 생태계의 요구에 맞게 적응하려는 전반적인 유치에는 많은 도전이 있다.

모든 것을 모아

에번스턴에서의 첫 만남이 있은 지 두 달 후 우리 둘은 다시 만났다. 샌디에이고에서 센티언트 엔터프라이즈를 향한 진화가 어떻게 생겼는지 더 완전하게 구체화하기 위해서였다. 그때까지 이 여정을 둘러싼 우리의 협력이 렌더링 되기만을 기다리고 있는 중요한 것이라고 확신했다. 사실 우리의 친한 친구이자 올리버의 테라데이타 동료인 메리 그로스는 우드슨산Mount Woodson 정상이 내려다보이는 회의실에서 우리와 함께한 그래픽 아티스트가 우리의 토론을 문자 그대로 표현하도록 준비했다. 아티스트가 토론 내용을 휘갈겨 쓰는 동안 센티언트 엔터프라이즈를 정의하는 다섯 가지 기본 특성에 대해 한 타래의 통찰력을 갖고 내내 이야기를 나눴다.

---

4   옛날의 미국 서부 – 옮긴이

센티언트 엔터프라이즈는 다음과 같은 특징이 있다.

- 다음 위기나 다음 기회의 신호를 보내줌으로써 마이크로 트렌드를 **사전에 능동적으로** 감지할 수 있음
- 사일로에 의해 생성된 임피던스impedance나 병목현상 없이 인간과 기계라는 한 유기체로 작용할 수 있다는 점에서 **마찰이 없음**
- 지나치게 많은 인간 개입 없이 데이터를 수신하고 실시간으로 결정할 수 있는 능력에서 **자율적임**
- 의사 결정에 무제한 데이터를 활용할 수 있는 능력으로 거의 모든 규모의 기업에 **확장 가능함**
- 순진하고 창발적인 지능을 통해 **진화함**

체계적인 다섯 단계 진화의 여정을 위해 월트 디즈니Walt Disney, 보잉Boeing, 비엠더블유BMW 및 기타 주요 기업의 경영진을 대상으로 한 슬라이드 프레젠테이션 자료를 들고 길을 떠났다. 전 세계의 이사회와 고위 경영진에서 동의의 목소리가 높아짐에 따라, 다음 단계를 밟아야 한다는 것과 이 책을 써야 한다는 것을 알았다.

도입부에서 언급했듯이 센티언트 엔터프라이즈에 대한 장기 비전은 널리 적용할 수 있는 우수성을 위한 구체적 프레임워크를 수립했다는 점에서 제작을 위한 인기 있는 식스 시그마 모델과 다르지 않다. 식스 시그마가 1986년 모토로라에 의해 개시된 이래로 수많은 비즈니스 전략가에 의해 모델화된 것처럼, 다섯 단계 센티언트 엔터프라이즈 모델이 의사 결정과 가치를 위해 데이터에 의존하는 많은 산업에 걸쳐 추진력을 모으기를 희망한다.

식스 시그마와 마찬가지로 센티언트 엔터프라이즈는 이미 진행 중이지만 항상 열망하는 비즈니스 현상이다. 우리는 더 잘할 수 있고 앞으로도 잘할

것이다. 그러나 센티언트 엔터프라이즈 퍼즐이 비즈니스 성과와 가치 측면에서 다른 방법으로는 불가능한 수준의 도약을 이룰 수 있는 실행 가능한 모델임을 알기에 충분하다. 센티언트 엔터프라이즈는 실을 꿴 바늘이자 비밀 소스이며 모든 규모의 애자일리티와 생산성에 관한 레시피다.

팽창하는 데이터 세계
활용하기

이베이는 30개국 이상에서 비즈니스를 운영하는 수십억 달러 규모의 기업이다. 1995년에 설립돼 산호세San Jose에 본사를 둔 이베이는 오늘날 세계 전자상거래 강국이 되기 위해 변화하는 시장과 경제 상황을 통해 성장한 초기 인터넷 선구자다. 이러한 장기적인 탄력성과 성공을 감안할 때 2000년대 중반에 이베이가 겪었던 상당한 성장통은 잊히기 쉽다. 당시는 기업의 핵심 경매 비즈니스가 정체되기 시작하면서 이베이가 갈림길에 선 때였다.

"이베이는 커다란 성장을 더는 기대할 수 없는 묵은 기업이 되고 있습니까?" 2005년 2월 와튼 스쿨 보고서는 실망스러운 주식 실적과 당해 재무 전망 감소를 두고 이렇게 질문했다. 그 와중에 기업이 인수를 통해 더 많은 성장을 추구하면서 애널리스트들이 웹 중심의 통계를 통해 전체적인 매출 증가와 사용자별 수익 창출과 같은 신규 사용자와 소매업 지표에 대한 총 경매 목록처럼 기업을 어떻게 평가했는지에 있어 변화를 극복했을 때, 2007년 10월 「포춘Fortune」지 기사는 '이베이의 성숙기로의 변화eBay's transition to adulthood'를 기록했다.

두 인용문은 2000년대 중반의 많은 것을 대표하며 2004년 11월부터 2011년 10월까지 이베이의 수석 분석 역할을 담당한 실무 분석가 겸 학술 공동 저자 팀 중 한 명(올리버)의 실무자 임기 중에 나온 것이다. 이때는 이베이가 중요한 역할로 데이터와 데이터 제품이 앞으로 나아갈 수 있는 주요 차별화 요소로 작용할 수 있다는 점에서 분석이 갑자기 내부적으로 더 많은 성장과 투자의 대상이 된 시기였다. 예를 들어 이베이는 야후나 구글 등의 파트너들과 광고에서 협력하기 시작했고, 파트너들은 이베이의 트래픽과 고객 데이터에 엄청난 가치를 부여했다. 다시 말해 분석은 하룻밤 사이에 최고의 비즈니스 동인이 됐다.

2장 후반부에는 이처럼 중요한 시기에 이베이 분석팀이 어떻게 클러치 clutch를 움직여 회사를 활성화하고 센티언트 엔터프라이즈 접근법의 핵심 요소에 대한 토대를 마련했는지에 대한 자세한 설명을 공유할 것이다. 이에 앞서 오늘날에도 여전히 일어나고 있는 산업 전반의 변화에 대응해 분석의 우선순위를 정하려는 초기 노력이 어떻게 이뤄졌는지 인식할 필요가 있다.

데이터의 세계: 새로운 자원으로 대대적인 확장하기

시장 차별화 요소로 분석을 수용하는 것은 현재 비즈니스가 성숙함에 도달하거나 오늘날의 철저한 데이터 기반 경제에서 경쟁력을 유지하기를 희망하는 모든 비즈니스에 있어 통과 의례다. 또한 더 다양한 형태의 데이터를 찾게 되면 분석 결과가 더욱 가치 있게 될 것이다. 실제로 데이터 양, 복잡성, 속도의 기하급수적 증가는 분석을 활발히 활용하는 방법에 따른 결과와 성과를 만든다.

마케팅 인텔리전스 회사인 IDC의 조사에 따르면 우리의 디지털 유니버스 digital universe는 해마다 40%씩 증가하고 있으며 2020년까지 44제타바이트(1제타바이트는 1조 기가바이트와 같다)에 도달할 것으로 예상된다. 우주의 별들보다 많은 수치다. 한편 최근 시스코 비주얼 네트워킹 지수Cisco Visual Networking Index는 2018년까지 100억 개 이상의 모바일 지원 장치와 연결을 계획하고 있는데, 평균 모바일 연결 속도가 초당 2.5메가바이트로 두 배가된다. 이것은 지구상의 모든 사람에게 분당 1.7메가바이트가 생성되고 있다는 사실 이면에 있는 역학이다. 그러나 이것이 모든 데이터가 사람에 의해 생성되고 있다는 것을 뜻하진 않는다.

온라인 쇼핑 행동과 키보드 입력, 사진 촬영, '레코드record' 버튼 누르기, 바코드 스캔과 같이 인간이 생성하는 데이터보다 전자 센서와 기타 기계 생성 소스의 데이터로 구성된 소위 사물 인터넷IoT, Internet of Things이 생성하는 데이터가 더 많다. '사물things'은 날씨, 교통 혹은 에너지 그리드 패턴을 모니터링하는 환경 센서일 수 있다. 제조와 유통 채널을 추적하기 위한 기계, 트럭 또는 상점 선반에서의 원격 측정이나 건강, 위치 및 활동 수준에 관한 데이터를 전송하는 착용 가능한 장치일 수도 있다.

이러한 예는 빙산의 일각에 불과하다. 상위 10대 전략 기술 동향 중에서 IoT가 두드러지게 나타남에 따라 가트너Gartner[1]는 2020년까지 약 260억 개의 IoT 장치가 설치되며 IoT 제품 및 서비스 공급 업체는 3천억 달러 이상의 매출과 1조 9천만 달러의 세계 경제 가치를 창출할 것으로 예측했다. 한편 IDC의 조사에 따르면 주요 IoT 구성 요소인 임베디드 시스템embedded systems의 센서 신호가 현재 디지털 유니버스의 2%에 불과하지만 10년 후 10%에 도달할 것으로 나타났다.

IoT는 전례가 없는 세분화된 수준에서 세계를 계속 색인화한다. 용량 증가에 따라 분석을 통해 조직에 막대한 가치를 부여하거나 놓치는 기회도 커진다. 세계의 성장하고 있는 디지털 발자국을 탐색하는 열쇠는 모든 정보 속에서 발생하는 모든 상호 작용과 행동 속에 놓여있다.

---

[1] 1979년에 설립된 미국의 IT 분야 글로벌 리서치 기업으로 높은 신뢰도와 공신력을 바탕으로 IT 기업에 자문도 담당한다. – 옮긴이

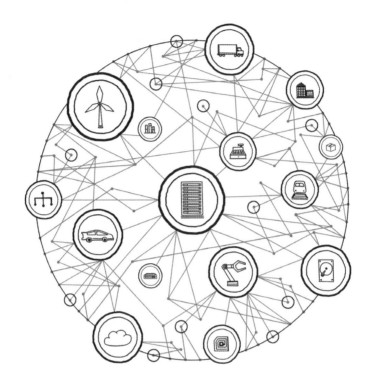

분석은 가장 단순한 형태로 특정 목적을 위해 트랜잭션을 캡처링하는 간단한 목표를 달성할 수 있다. 거기서부터 "트랜잭션을 했으니 다른 어떤 것을 배울 수 있으며 다른 방법으로 최적화할 수 있습니까?"라는 질문을 끌어낼 수 있다. IoT를 사용하면 더 넓고 더 복잡한 여러 데이터를 처리하게 된다. 이는 분석과 학습에 해당 데이터를 적용하는 새로운 방법을 찾음에 따라 가능성이 기하급수적으로 증가할 것을 의미한다.

선박 보유 차량을 예로 들어보자. 트랙터 트레일러$^{tractor\ trailer}$의 GPS 센서의 즉각적인 가치는 다음과 같은 질문에 대한 대답을 포함한다. "내 트럭이 어디에 있습니까? 내 운전자가 너무 오래 휴식을 취했거나 예정된 경로가 아닌 곳에서 멈췄습니까?" 이러한 즉각적인 관심은 매우 국소적이다. 그러나 선박 보유 차량 GPS 데이터를 오랜 시간 종합해 보면 효율적인 경로 처리와 기타 물류를 통해 시간과 연료를 절약하는 매우 흥미롭고 가치 있는 활용 사례가 나타난다.

한편 풍력 터빈turbines의 센서는 수리 또는 보증 문제와 같은 즉각적인 거래 요구에 대한 효율성 비율과 기타 측정 기준을 기록한다. 분석 관점에서 이를 추적하면 해당 정보를 설계 기준이나 새로운 터빈 배치에 대한 향후 결정에 가치 있는 단서로도 활용할 수 있을 것이다.

증가하는 활용 사례 목록에는 소위 블랙박스 이벤트 데이터 레코더black-box event data recorders와 같은 일상 데이터도 포함된다. 연비와 같은 거래 요구를 처리할 수 있는 주행 습관과 차량 성능에 대한 지표도 있다. 더 나아가서 승용차들은 실시간 요구 사항뿐만 아니라 유지 보수와 수리 일정과 같은 미래 서비스를 위해 자체 데이터에 근거한 진단 결과를 자동으로 확보하고 전송하게 될 것이다.

예를 들어 2월의 어느 추운 날 아침, 모한은 차량 진입로에서 테슬라 시동을 거느라 애를 먹었지만 실시간 정보를 제공하는 원격 진단 시스템 덕분에 문제를 해결할 수 있었다. 서비스 센터에 한 번만 전화하면 서비스 담당자가 즉시 차량에 로그인해 반경 50마일 내에 있는 다른 테슬라의 전력 소비량과 비교해 참고할 수 있었다. 기술자는 추운 날 시동 거는 문제를 정확히 집어내면서 집안에서 앱을 통해 배터리를 몇 분 동안 예열할 것을 권했다. 제로 터치zero-touch와 실시간 수리, 이것이 IoT 기반 서비스의 미래다!

자동차가 언젠가는 자신의 교체 부품을 주문하거나 소비자의 3D 프린터와 연결해 집 차고에서 부품을 만들 수 있을지도 모른다. 특히 블랙박스 센서와 3D 프린터와 같은 기존의 여러 기술을 결합하면 매우 혁신적인 비즈니스 모델을 보게 될 것이다.

블랙박스는 자동차보다 비행기에서 훨씬 더 오래 존재해왔다. 1967년 이후 미국에서는 블랙박스(실제 주황색으로 된)가 상업용 제트기에 의무적이었다. 그러나 오늘날의 센서 혁명은 현대적 블랙박스가 전례 없는 선명도로 비행기와 승무원 행동을 평가하게 해준다. 그리고 이제 보잉사는 여러 블랙박스 사이의 연결성을 높이기 위해 노력하고 있다! 보잉사는 많은 블랙박스의 데이터를 연결하는 시스템에 대한 특허 출원으로 비행기가 어떻게 작동하고 어디에 문제가 있는지를 항공 전문가들이 세밀하고 광범위하게 이해할 수 있도록 돕고 있다.

지멘스Siemens는 전례 없는 규모로 연결성, 데이터 통합, 분석을 개척하는 또 다른 기업이다. 1847년에 설립된 이 엔지니어링 강국은 전 세계적으로 34만 명이 넘는 직원을 고용하고 있으며 연간 매출은 860억 달러 이상이다. 지멘스는 최근 원격 모니터링을 위해 월 17테라바이트 이상의 데이터를 처리하고 신호등 제어 장치와 기관차부터 컴퓨터 단층 촬영CT, computed tomography 스캐너와 몇 문단 전에 언급했던 센서 장착 풍력 터빈에 이르기까지 총 30만 개 이상 연결된 장치를 유지하는 공통 기술 기반을 구현했다.

게하드 크레스Gerhard Kress는 철도 차량과 제어 시스템에 중점을 둔 지멘스 모빌리티Siemens Mobility의 데이터 서비스 부사장이다. "유럽에 있는 열차 한 줄one feet of trains에서 나온 센서 데이터로 약 1,000억 줄의 테이블을 채울 수 있습니다"라고 크레스는 말했다. "모든 데이터의 올바른 분석은 열차 부품에 문제가 발생할 것이라는 사실을 일주나 이주 전에 미리 알려줍니다. 그러면 우리는 문제가 발생하기 전에 그 문제를 멈추거나 최소화하는 조치를 할 수 있습니다. 몇 년 전까지만 해도 불가능했던 일입니다."(7장에서 지멘스의 예측 유지 보수에서의 획기적인 성공에 대해 자세히 살펴볼 것이다.)

목표가 신뢰성 향상이든 효율성 향상이든 생명을 구하는 것이든 간에 인간 생성 데이터와 IoT의 결합이 다양한 데이터 소스에서 배운 행동과 패턴을 감지해 구체적이고 정확한 방식으로 사전 개입과 미래 결정으로 이끄는 데 어떻게 도움이 되는지 보는 것은 매우 강력하고 흥미진진하다.

게임 체인징 역량

경쟁 우위를 위해 데이터가 어떻게 수많은 산업을 변화시키고 있는지 강조했다. 어쩌면 국가적 오락인 야구보다 더 문자 그대로 추구되는 경쟁 우위에 관한 분석적 탐구는 어디에도 없을 것이다.

어쩌면 2002년 오클랜드 애슬레틱스^{Oakland Athletics}가 우승하는 야구팀을 만들기 위해 선수 통계와 알고리즘을 사용한 방법에 대한 데이터 기반 신데렐라 이야기인 **머니볼**^{Moneyball 2}을 잘 알지도 모른다. 분석적 관점에서 볼 때 공동 저자가 이 주제에 관한 '인사이드 베이스볼^{inside baseball}'에 가장 근접한 것은 캘리포니아주 하프문베이^{Half Moon Bay}의 해변 컨퍼런스 센터에서 열린 2016년 기술 정상 회담을 통해서였다. 특히 샌프란시스코 자이언츠^{San Francisco Giants}의 수석 부사장이자 최고 정보 책임자인 빌 슐러^{Bill Schlough}가 중심이 된 한 세션은 **머니볼** 초기부터 스포츠가 얼마나 멀리 왔는지를 분명히 했다.

예를 들어 **머니볼**의 혁신가인 빌리 빈^{Billy Beane}이 오클랜드를 위해 처음 분석했을 때 비교적 적은 양의 기록 데이터^{historical data}를 사용해 인재를 발굴하는 데 집중했다. 이때 대부분의 분석은 선수들의 과거 성과에 대한 높은 수준의 요약 데이터였다. 그에 비해 오늘날은 첨단 레이더가 게임 중간에 중요한 결정을 내리는 데 도움을 주는 수준에 이르렀다.

---

2 오클랜드 애슬레틱스 미국 프로 야구단의 데이터 분석 중심으로 운영하는 경영 기법 – 옮긴이

센서는 공의 속도뿐만 아니라 투수가 피로감을 느끼는지를 추정하는 데 도움이 되는 궤적^{arc}과 회전수^{spin}를 추적할 수도 있다. "데이터를 이용해 공의 회전이 느려지기 시작했을 때를 감지할 수 있습니다. 이전 투구에 있어서 예전만큼 많이 깨지지는 않습니다." 빌 슐러가 말했다. "당신의 투수가 달리기를 막 포기하려고 할지도 모른다는 신호입니다. 그리고 그런 일이 일어나기 전에 코치가 투수를 마운드에서 끌어내기 위해 사용할 수 있는 일종의 정보입니다."

빌을 만났던 2016년 10월, 자이언츠는 팀의 41,000석 경기장에서 490번째 홈경기 연속 매진을 즐기고 있었다.

빌은 어떻게 그러한 결과가 나왔는지를 노출하지 않도록 조심해야 했던 반면, 우리와 함께할 때는 야구와 관련해 가장 성공적인 프랜차이즈 중 하나가 스포츠 데이터 분석이라는 점을 충분히 설명해줬다.

"윌리 메이스$^{Willie\ Mays}$는 한때 자신이 가장 두려워하는 투수에 대해 질문을 받았었죠. 대답은 '내가 본 적 없는 투수를 보여주세요'였습니다. 그것이 바로 또 다른 팀을 조직할 때 우리의 센서가 투수들이 던지는 방법을 감지하는 이유입니다." 빌이 말했다. "그렇다면 그러한 역학을 피칭 기계로 프로그래밍하는 걸 막을 수 있는 게 무엇이 있을까요?"

자이언츠는 또한 팬층 중 전체 인구 통계 그룹과의 참여를 최적화하는 기술을 채택한다. 밀레니얼 세대^{millennials}의 경우를 보라. "두 시간 사십 분의 죽은 시간과 이십 분의 행동으로 세 시간 동안 가만히 앉아 있을 수 있는 밀레니얼 세대는 아무도 없습니다"라고 빌은 말했다. "이러한 이유로 라운지 구역에 와이파이와 TV를 가득 채운 것입니다. 여러 종류 게임을 볼 수 있는 거대한 스포츠 바와 같지요."

선의의 무정부 상태

다양한 산업과 애플리케이션들에 걸쳐있는 모든 약속에 있어 오늘날의 엄청난 정보의 홍수는 이 책의 소개 부분에서 우리가 얘기했던 작업장 협업을 뒷받침하는 아키텍처architectures를 수용해야만 최고의 가치를 얻을 수 있다. 그렇지 않으면 우리는 반응적이고 매우 혼란스러운 상황에 놓이게 된다. 다음과 관련된 이야기를 생각해보자.

> 4분기 실적 발표가 있기 몇 주 전에 한 통신 기업의 CFO는 분기 판매와 매출 수치를 받고 5%의 수익 감소를 확인했다. 그는 임원진을 불러 이유를 알아내는 업무를 맡겼다. 팀은 우선 그 숫자가 정확한지부터 파악했다. 분석가들은 지난 1월 몇 차례 눈보라가 동해안East Coast과 중서부Midwest 주요 도시 지역을 강타했을 때 기업이 서비스를 시작했던 것이 수익 감소의 원인이라고 결론짓는다.

> 기업은 당시 화난 고객들의 계약 취소를 완전히 회복할 수 없었고, 분석가들은 화창한 여름철에도 기업이 왜 (화가 채 풀리지 않은) 고객들을 여전히 잃고 있는 것인지 알지 못한다. 임의적 소비자 지출 감소와 경쟁사의 아이폰과의 신계약으로 악화된 문제는 이제 뚜렷하게 드러나고 있다. 분석가들은 한숨을 쉬며 모두가 받아들여야 할 현상일 수 있다고 말한다.

불행히도 이러한 시나리오는 너무 흔하다. 사전 대응이 아닌 사후 대응적 기업을 묘사하고 있으며 눈덩이가 대재해의 문제로 확대되기 전 작은 문제를 파악하는 데 매우 게으르다.

이코노미스트 인텔리전스 유닛Economist Intelligence Unit3의 최근 설문 조사에

---

3 영국의 시사 경제 주간지 〈이코노미스트(The Economist)〉의 계열사로 국제적 경제 · 정치 분석 및 산업 지표를 제공하며 국제적 신뢰도가 높은 전문지(www.eiu.com) − 옮긴이

서 글로벌 경영진 362명 중 절반 이상(57%)이 중요한 비즈니스 데이터가 기업에서 수집되거나 공유되지 않는다고 밝혔다. 게다가 42%는 자신들의 데이터가 다루기 힘들고 사용자 친화적이지 않다고 말했다.

진정한 애자일리티는 우리가 사일로를 분해해 조직 전체의 다양한 전문가가 새로운 통찰력을 여는 데이터로 함께 일할 수 있기를 요구한다. 동시에 우리는 사일로를 어떻게 분해하고, 어떤 종류의 거버넌스를 그 자리에 둘지 신중할 필요가 있다. 그렇지 않으면 1장에서 언급한 분석 통증점들analytics pain points로 어려움을 겪게 될 것이다. 데이터에 접근할 수 있도록 만들어야 한다. 그러나 그렇게 함으로써 조직은 잘 관리할 시스템이나 거버넌스가 없어 생기는 중복되거나 잘못된 많은 양의 데이터, 즉 일관되지 않고 엉망진창인 데이터의 늪에 빠지게 돼 기민할 수 없다.

데이터 마트와 그에 따른 불만

중견 데이터 과학자가 IT 솔루션을 1년 반씩이나 기다리고 싶어 하지 않았던 1장의 이야기를 기억하는가? 그는 풍부한 자원을 확보했고 필요한 데이터를 복사해서 프로젝트를 더 빨리 끝낼 수 있는 비즈니스 단위별 사일로인 자체 데이터 마트를 구축했다. 유감스럽게도 그의 록스타 솔루션rock-star solution은 시스템에 록rocks을 넣어버렸다. 이유는 다음과 같다.

데이터 마트는 데이터 드리프트를 만드는데, 이는 데이터 로딩과 유지 보수가 조정되지 않을 때 발생한다. 이것은 일관성 없는 답을 야기하는 불일치 구조와 중복성의 결과를 낸다. 예를 들어 데이터 마트를 통제하는 CMO와 다른 데이터를 제어하게 하는 CFO가 동일한 측정 기준을 취하려 한다고 가정해보자. 측정 기준을 이번 달 활성 고객의 수로 두고 말이다. 정보를 표준화하고 통합하는 것을 어렵게 만들거나 불가능하게 만드는 어굿나 있는 데이터베이스, 하드웨어, 소프트웨어 플랫폼 및 보고 도구 때문에 매우 다른 수치가 나올 수 있다.

경험상 데이터 마트는 데이터 드리프트가 60% 이상일 때 어떻게 불필요한 중복을 20배 이상의 비율로 끌어내는지를 봐왔다. 비용은 추상적이지 않으며 불필요한 중복을 위한 용량과 메모리를 뛰어넘는다. CFO와 CMO가 함께 작업하고 있는 왜곡된 데이터가 VIP 고객을 대상으로 하는 홍보 자료를 포함한다고 상상하라. 마케팅 담보물과 특별 제안을 잘못된 고객에게 보내려고 얼마나 많은 시간과 노력, 비용을 소모하고 있는가.

이러한 비용과 중복 데이터 작업, 잘못된 측정 기준을 재조정하는 방법에 관한 토론 시간이 주어지면 반농담조로 "데이터 마트는 자신의 존재를 정당화하기에 충분히 저렴할 수는 없다"라고 말한 적이 있다. 그것들에 관한 어떤 것도 애자일하지 않으며, 와일드 웨스트이자 이러한 데이터 사일로는 가장 큰 공공의 적이다.

이는 불량한 데이터나 사업 기회 손실 때문이 아니라, 근무지 문화와 작업성과에 미치는 영향 때문이기도 하다. 생각해보라. 우리는 지혜롭고 적극적인 사람을 고용해 일을 완수하려고 한다. 틀에서 벗어나 생각하고 도전을 통해 혁신을 이루는 사람들을 얻기 위해 채용 담당자들에게 최고 한도액을 지불하는 것을 마다하지 않는다. 이러한 것들이 성공을 끌어내는 조건이다. 안타깝게도 데이터 마트를 구축할 때 경험이 풍부한 수완가들이 가진 성공의 직감과 애자일리티는 단지 신기루일 뿐이다. 데이터 무질서 상태와 모든 중복성을 처리하기 위해 과도하게 발생하는 IT 비용 증가로 조직의 기민성이 저하된 것이 현실이다.

데이터 무정부data anarchy로 가는 길은 좋은 의도들로 포장될 수 있지만, 이는 여전히 사람들 대부분 시간이 이 설정에서 비롯된 낙진에 소비될 수 있는 지점으로 이어진다. 숫자가 일치하지 않고 어떤 데이터가 옳고 어떤 데이터가 잘못됐는지에 대한 순환 논쟁이 시작될 때 매일 또는 매주의 화재 훈련을 생각해보라. 조직에 데이터를 포괄하고 효과적으로 적용 가능한 시스템과 정책이 없는 경우 사용자와 기술 책임자 모두 자신의 하던 일에서 한 발짝도 나가지 못할 수 있다.

필요한 분석 도구를 확보하지 못한 비즈니스 사용자는 그대로 포기하거나 스토브파이프stovepipes와 사일로에 의존하는 경향이 있다. 이러한 상황에서 사용자 불만이 발생하는 것은 당연하다. 직장 동기부여에 관한 베스트셀러인 『드라이브』(청림, 2011)에서 저자인 다니엘 핑크Daniel Pink는 과학자들이 자율성 또는 자신의 삶을 감독하려는 충동과 숙달, 또는 뭔가를 더 잘하고 싶은 욕망과 목적, 또는 중요한 일을 맡고자 하는 간절함이라는 세 가지 요소를 중심으로 돌아가는 비즈니스 성공을 위한 '새로운 운영 체제 new operating system'를 어떻게 개발했는지 설명한다. 이러한 통찰력을 살펴보고 현재의 IT 정책과 방법론이 얼마나 한심하고 부족한지 확인하는 것은 어렵지 않다.

해결책? '분석용 링크드인(LINKEDIN)'

1장에서 실시간 상호 작용을 요구하는 모든 계층의 사용자가 있는 데이터에 대한 기대가 급격히 변하는 것에 관해 이야기했다. 이들은 오래 기다리고 싶어 하지 않는다. 실제로 구글 연구에 따르면 사용자가 기다릴 수 있는 사이트 로드까지의 심리적 시간은 불과 0.25초에 그친다. 말 그대로 눈 깜짝하는 것보다도 짧다. 이러한 요소들로 인해 모든 사람이 신속하게 그리고 자신의 필요에 맞는 방식으로 데이터에 액세스할 수 있기를 기대하는 새로운 셀프서비스 윤리를 추진하고 있다. 직원들에게도 이러한 기대가 있다.

내부 기대치를 맞닥뜨리는 직장에서 기술 시스템을 세우는 것은 어렵지만 비즈니스 사용자들은 신경 쓰지 않는다! 집중적 데이터 연구 프로젝트를 완료하는 데 18개월까지 걸릴 수 있다고 재무부나 마케팅 부서 직원에게 말할 때도 그들이 직접 데이터 마트를 설치할 때는 놀라지 말라. 그들이 생각하는 애자일리티가 실제로 더 큰 분석 환경을 데이터 무질서 상태로 만들어 일관성이 없거나 명백한 오답을 초래한다는 것에 대해 신경 쓰지 않는다.

비즈니스 사용자를 계속 참여시키려면 분석을 사용자의 상황에 맞춰야 한다. 이를 위해 소셜 미디어, 게임, 사람들이 자연스럽게(아니면 마지못해서라 할지라도) 참여하기를 원하는 다른 영역에서 교훈을 얻을 수 있다.

5장에서 더 자세히 배우게 될 크라우드소싱^{crowdsourcing} 접근 방식인 '분석용 링크드인'을 미리 보는 것은 중요하다. 링크드인 기업과 관련이 없는 소셜 미디어 플랫폼에서 영감을 얻은 것이다. 아이디어는 링크드인과 다른 많은 사회적 플랫폼이나 게임 환경에서 보는 것과 동일한 참여 문화 분석하기를 가져오는 것이다. 그리고 이 과정에서 확장성에 대한 몇 가지 주요 궁금증을 해결할 수 있다.

상당히 작은 작업을 수행할 때는 중앙 집중식 분석팀에 메타데이터를 할당하는 것과 같은 전통적 접근 방식으로도 생존할 수 있으므로 기업의 다른 사람들은 어떤 정보가 중요하고 그 정보를 어디서 찾을 수 있는지를 어렵지 않게 알 수 있을 것이다. 그러나 오늘날 빅 데이터를 다루는 대규모 조직에서는 이러한 전통적 접근 방식이 통하지 않는다. 인간은 데이터가 하는 방식처럼 확장하지 않으며 100명, 아니 1,000명의 분석가는 자신들을 향해 오고 있는 엄청난 양의 정보와 번개처럼 빠른 데이터 스트림을 문서화하는 작업을 계속해서 수행할 수가 없다.

이것이 바로 크라우드, 특히 데이터로 일하는 조직 내 수백 또는 수천 명의 지혜를 구해야만 하는 이유이다. 그 핵심에서 분석을 위한 링크드인은 본질적으로 분석 커뮤니티에 관한 분석이 된다. 데이터 과학자와 다른 분석가 커뮤니티가 데이터로 하는 것을 조사하는 알고리즘 모델부터 시작하지만 단순히 그들의 특정 조회나 대시보드dashboard 활동에 관심이 있는 것은 아니다. 우리는 이 사람들 간의 논평과 토론을 캡처하고 분석하는 포럼을 제공하고, 사람들이 특정 분석 접근 방식을 '좋아하게like' 하고 특정 분석가를 '팔로우follow'하거나, 인기 있고 유행하는 시각화와 데이터 세트를 모니터링할 수 있도록 소셜 미디어 규칙을 완성하고 싶다.

갑자기 여러분이 따르고 공유하고 좋아하는 아이디어와 프로젝트, 사람들의 종류에서 볼 수 있는 이러한 패턴은 다음과 같은 질문에 답하는 데 도움이 된다. "영향력을 행사하는 이는 누구입니까?", "어떤 프로젝트와 아이디어가 가장 많은 에너지를 모으고 있습니까?", "이것이 조직 밖의 가장 중요한 프로젝트와 잠재적 성공에 대해 우리에게 무엇을 알려줍니까?" 이러한 통찰력은 기업 내 혁신의 무한한 가능성을 열어준다.

사실 내재적 인간 성향을 활용해 기술 혁신을 크라우드소싱하는 것은 우리가 처음이 아니다. 미 국방성은 무자비하게 파쇄된 문서의 파편들을 가장 잘 재구성해 온라인에 게시할 수 있는 사람에게 5만 달러의 상금을 주는 온라인 '분쇄기 도전shredder challenge' 대회를 후원한 바 있다. 또 다른 경우 의학 연구자들은 중요한 에이즈AIDS 효소를 지도화map하는 데 도움이 되는 게임 방식을 사용했다(좋은 목적의 테트리스Tetris를 생각해보라).

최종 결과는 비즈니스 사용자 커뮤니티가 가장 관심 있는 비즈니스 문제에 대한 데이터를 조정하고 안전하게 실험하는 작업에 참여한 결과다. 그리고 다른 소셜 미디어 세계와 마찬가지로 최고의 해결책은 입소문이 나는 것이다.

이베이로 돌아가기: 분석 지시 이행하기

지금쯤 엔터프라이즈에서 차세대 분석의 실용적이고 확장 가능한 구현이 어떻게 애자일리티, 거버넌스, 데이터에 대한 포용 문화 간의 신중한 균형을 유지해야 하는지 알 수 있을 것이다. 센티언트 엔터프라이즈 역량 성숙도 모델의 다섯 단계를 다루는 다음 몇 장에서 오늘날 기업에 적용할 원칙을 자세히 살펴본다.

그러나 이 원칙들은 2000년대 중반에 기업의 생존에 필요한 새로운 중요 역할 분석에 상응하는 아키텍처를 구축하기 위해 의무를 이행하려고 노력하면서 이베이 분석팀에 초점을 맞추고 있었다. 사실 일부 원칙은 나중에야 명확해졌다.

우리 팀이 높게 동기부여 돼 있었고 기업 간부들이 그 노력에 동참하고 있던 반면, 이베이의 비즈니스 사용자들과 함께 일하게 됐을 때 여러 면에서 아직도 원점에 있는 우리를 발견했다.

솔직히 주관적인 경험은 우리의 프로세스와 방법론이 우리에게 나쁜 평판을 줬고 내부적으로 좋은 파트너로 여겨지지 않았다는 것이다. 여러 면에서 지구상에서 가장 유능한 시스템이 있었지만 비즈니스 사용자들은 지금까지 이 책에서 소개한 요구 사항과 티켓 중심 현상 유지에 관한 모든 이유로 우리를 떠나고 있었다.

우리는 기업을 도와야 했을 뿐만 아니라 사람들이 자연스럽게 일하기를 원했던 방식에 맞게 솔루션을 제공해야 했기 때문에 IT 협업이 그다지 번거로운 것처럼 보이지 않도록 했다. 우리는 상황을 바꾸려고 몇 가지 핵심 프로젝트를 선택했다.

한 가지 노력은 처음엔 데이터 랩, 나중에는 데이터허브^{DataHub}로 알려진 협업 플랫폼을 설정하는 것이었다. 오늘날 센티언트 엔터프라이즈의 분석용 링크드인 접근법의 전조인 2000년대 중반에 만들었던 데이터허브를 통해 이베이 분석가는 흥미로운 발견과 상관관계를 제시할 수 있으며, 다른 이베이 동료는 관심 분야를 기반으로 태그가 지정된 항목에 대해 데이터허브에 쿼리할 수 있었다. 사람들은 특정 도구나 이니셔티브initiative에 초점을 맞춘 그룹에 의견을 추가하고 토론하거나 링크할 수 있었다. 사용자는 분석 보고서를 읽을 수 있을 뿐만 아니라 데이터 자체를 망칠 필요 없이 차트와 그래프를 필요에 따라 조작할 수 있는 안전한 실험을 위해 데이터허브를 설계했다.

또 다른 측면에서 이베이 분석팀은 인터넷 마케팅 담당 부사장이 기업의 온라인 광고를 강화하도록 돕기 위해 나섰다. 특히 4장에서 더 자세히 논의하게 될 동작 데이터와 관련된 클릭스트림clickstream 및 기타 세분화 활동의 아주 작은 수준에서 고객 활동과 결과를 캡처하고 추적할 수 있도록 우리의 웹사이트를 분석하고 계측할 필요가 있었다. 고객 설문 조사와 유사한 고객 관계 관리CRM, Customer Relationship Management 연구를 수행하면서 얻을 수 있는 것보다 나은 통찰력을 얻었다.

배경을 보면 대부분 고객은 설문 조사에 불평하거나 응답하지 않으나 만족하지 않으면 그냥 떠나서 다른 곳에 돈을 쓴다. 마케팅팀을 위해 구축한 분석은 고객이 말하는 것(또는 말하지 않는 것) 이상으로 그들의 실제 행동을 체계적으로 정밀하게 조사할 수 있었다. 이것은 고객 경험의 마찰점을 명확히 설명할 수 있는데, 이 사례에서 전반적인 고객 행동과 선호도를 이해하고 해당 지식을 사용해 대상 온라인 마케팅을 강화할 수 있었다.

최종적으로 공유할 이베이 사례는 전 세계 데이터 인프라에서 효율성을 최적화하는 분석 솔루션에 대한 것이다. 역량과 신뢰성에 있어 명성을 쌓아왔고, 이제는 모든 것을 보존하면서 뒤에서 효율성을 높이기 위한 분석이 필요했다. 이를 위해 3개월 내내 즉각적인 운영과 측정 기준과 도표화된 실적 너머를 살폈다.

이 데이터를 활용해 우리는 15,000대의 서버가 수행했던 작업을 12,000대의 서버가 수행할 수 있는 지점까지 더 효율적으로 수행하도록 서버 사용량을 최적화할 수 있게 했다(서버 배치, 로딩 밸런스 및 데이터 트래픽을 변경했다). 이는 경기 침체가 막 닥쳤을 때인 2008년에 있었다는 것을 명심하라.

분석을 통해 이베이가 이전에 필요했던 일부 인프라로 용량을 충족함으로써 불황에서 살아남을 수 있었다. 이러한 사례가 분석 아키텍처를 설계하고 구축하도록 애자일하고 협업적인 접근 방식을 취하는 것이 기업이 지속적으로 변화하고 경쟁이 치열한 시장에서 생존하고 경쟁하는 데 도움이 되길 바란다. 특히 이베이 자체가 현재 기업이 주요 이벤트 및 컨퍼런스에서 제공해오고 있는 '익스트림 분석@이베이Extreme Analytics@eBay' 프레젠테이션에서 센티언트 엔터프라이즈 참조를 단 것을 보게 돼 기뻤다.

앞으로 센티언트 엔터프라이즈의 다섯 단계에서 어떤 일이 일어나는지, 그리고 이러한 혁신이 실제 기업에 어떤 변화를 주는지를 설명하기 위해 가능한 한 실제 사례를 사용할 것이다. 센티언트 엔터프라이즈는 실험, 시범 비즈니스, 학습된 교훈에서 통찰력을 얻는 것에 관한 모든 것이다. 그렇기에 산업 전반에 걸쳐, 또한 규모에 있어 애자일 성공 이야기를 이해하고 되풀이할 수 있다.

기민성과 규모성, 실제로 이 두 가지 개념을 함께 가져오는 것이 이 책을 소개하는 데 있어 핵심적 우선순위가 된다. 당신은 애자일 벤처와 기업가적 프로젝트에 관한 많은 책을 찾을 수 있는 동시에 책장에는 대규모 조직 관리 문제를 다루는 많은 책이 있다. **센티언트 엔터프라이즈**를 내세우면서 우리는 기업에서 성공을 위해 모델링하고 복제할 수 있는 방식으로 두 세계를 통합하고 있다. 3장부터 7장은 역량 성숙도 모델의 다섯 단계를 통해 로드맵 역할을 한다. 첫 번째 정류장은 '애자일 데이터 플랫폼'이다.

CHAPTER 3

애자일 데이터 플랫폼

텍사스에 본사를 둔 델^{Dell}은 30년 이상 비즈니스와 소비자 요구에 능숙하게 적응하면서 번창해왔다. 2017년 당시 델은 세계에서 가장 큰 비상장 기술 기업이자 미국에서 네 번째로 큰 민간 기업으로 선정됐으며 매출액은 2,700억 달러, 전 세계 직원 수는 140,000명을 넘었다. 모든 대기업과 마찬가지로 델도 전 세계적으로 규모를 확장할 방법을 모색했지만 중요한 데이터 관리 문제들이 있었다.

"글로벌 제조 공정과 인프라를 구축할 때 아주 골치가 아팠어요." 델의 엔터프라이즈 서비스와 주문 경험 담당 부사장인 제니퍼 펠치$^{Jennifer Felch}$가 말했다. 제니퍼가 보고와 분석을 위해 모든 기능과 지역에 걸친 글로벌 제조 데이터를 하나의 마스터 환경$^{master environment}$으로 통합하려는 델의 초기 추진에 관한 이야기를 시작하면서 1장에서 처음에 강조한 데이터 드리프트와 중복 그리고 다른 고충점$^{pain points}$과 놀라울 정도로 비슷하게 들렸다.

"한때 많은 팀이 있었어요. 팀들은 데이터를 뽑고 팀만의 데이터 큐브^{cubes}에서 분석하고 서로 만나서 왜 팀들의 데이터가 서로 일치하지 않는지 논의했었습니다." 제니퍼가 인터뷰에서 말했다. "사람들은 데이터를 모으기만 하고 공유하지 않았어요. 팀들은 보고서를 만들었지만 해당 데이터가 공유 데이터로 되돌아오는 일은 없었습니다. 우리의 최우선 과제는 기업이 성장함에 따라 데이터를 투명하고 접근 가능하며 일관성 있게 만드는 것이었어요."

"스케일링^{Scaling}은 데이터를 최대한 표준화되도록 하고 효율적이고 정확해지기 위해서 꼭 필요한 기능입니다." 제니퍼가 요약했다. "해결책을 찾아야 한다는 걸 알고 있었어요." 잠시 후에 해결책을 자세히 살펴볼 것이다. 그러나 먼저 대규모 조직이 성장하고 운영 규모를 조정함에 따라 이 도전이 얼마나 일반적인지 이해해야 한다.

규모에 따른 애자일리티 유지

기업이 센티언트 엔터프라이즈 비전을 실현하려면 조직 규모와 복잡성의 증가에 따라 데이터를 관리하고 조작하는 방법에 대한 개조가 필요하다. 우리가 '스테로이드에 대한 변화 관리change management on steroids'로 부르고 지멘스 모빌리티의 게르하르트 크레스가 '모든 측면에서의 변화 관리 change management on all sides'라고 여긴 것이 바로 이것이다.

"변화 관리가 핵심 레버lever예요. 분석이 무엇을 의미하고 데이터 기준점 data points이 사람들을 위해 무엇을 할 수 있는지 모두가 이해하도록 도와야 합니다." 게르하르트는 말했다. "우리 경우에는 수년 동안 지속적인 상품 을 디자인하고 만들어낸 엔지니어들과 함께 데이터가 모두를 더 발전시키 도록 돕는 방법을 이해하는 여정을 시작해야 합니다. 그리고 당신은 대학 을 졸업해 세상을 흔들고 싶어 하는 모든 젊은 데이터 과학자들과 함께 연 결돼야 합니다."

센티언트 엔터프라이즈 5단계

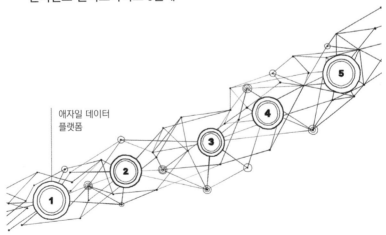

애자일 데이터
플랫폼

"고객에게 최상의 서비스를 제공하려면 모든 인력을 모으는 것이 필수적입니다." 그는 요약했다. "그리고 모든 측면에서 이뤄지는 변화 관리 없이 이를 실현할 방법은 전혀 없다고 생각합니다." 게르하르트와 다른 기술 임원들에게 주요 과제는 전체 조직이 데이터를 더욱 애자일하게 활용할 수 있도록 하는 것이다.

이를 위해 센티언트 엔터프라이즈 여정의 다섯 단계 중 첫 번째인 애자일 데이터 플랫폼을 구축했다. 여기서는 데이터와 분석에 여러 가지 애자일 방법론과 시스템을 적용해 신중한 균형을 이룰 것이다. 사용자가 해당 데이터의 복사본을 만들지 않고도 데이터를 자유롭게 반복할 수 있도록 하고 싶다. 와일드 웨스트 무질서 상태가 되지 않게 하면서 과도한 거버넌스 장벽을 제거해야 한다. 우리의 아키텍처를 데이터 드리프트와 중복의 카드로 무너뜨리지 않고 손쉽게 정보를 이동시켜야 한다. 무엇보다도 실험 중심 인공물과 오류로 전체 시스템을 오염시키지 않는 방식으로 사용 사례에 대한 분산 실험을 위한 중앙 집중식 데이터 접근을 제공해야 한다.

지속성을 유지하려면 애자일 데이터 플랫폼으로 전환하는 데 사람과 프로세스, 기술의 올바른 조합이 필요하다. 이들 중 하나에만 집중할 수는 없다. 조직 문화와 프로세스부터 경쟁 우위를 위해 데이터를 저장, 공유, 분석, 조작하는 방법을 정의하는 아키텍처와 거버넌스에 이르기까지 모든 것을 다룰 필요가 있다. 그럼 어디서부터 시작해야 할까?

워터폴 방법 재고하기

우리가 해야 할 일 목록에 있는 것은 수십 년 동안 IT 프로젝트를 지배해 온 소위 워터폴^{waterfall} 방법론에서 벗어나는 것이다. 이 접근법은 개념이나 시작, 분석, 설계, 구조, 실험, 생산, 구현, 유지 보수와 같은 뚜렷한 단계를 통해 프로세스의 꾸준한 하향 흐름(폭포와 같은)에서 이름을 얻었다. 이러한 요구 사항들이 프로세스에서 변경될 수 있음에도 불구하고 요구 사항을 미리 정리한 상태에서 진행된다.

불행히도 워터폴 방법론은 중간 흐름의 변화를 처리하는 데 어려움을 겪는다. 이것이 워터폴 방법론의 주된 단점이자 기민성에 취약한 이유이다. 고객은 작업 프로토타입prototype이나 시스템을 보기 전까지 자신이 원하는 것을 정확히 알지 못할 수 있고 결과적으로는 요구 사항이 바뀔 수도 있다. 설계 담당자들은 그 시점에서 또한 새롭거나 예기치 않은 문제들을 맞닥뜨릴 수 있다. 어느 쪽이든 간에 워터폴 방식의 개발은 재설계, 재개발, 재검사에 시간 지연과 추가 비용을 초래한다.

많은 사람이 워터폴 단계 사이에 어느 정도 중첩을 도입하는 것과 같은 점진적 개선을 시도했다. 다른 사람들은 더 많은 커다란 변화를 추구해왔다. 예를 들어 미 국방성DoD, Department of Defense은 반복적이고 점진적인 개발 모델을 선호해 워터폴 방법론에 호감을 표명했다. 국방성은 올바른 길을 가고 있으며 워터폴을 뛰어넘은 애자일 접근 방식으로 분석을 수행하는 조직은 분석 기능을 강화하고 엔터프라이즈에 제공하는 가치를 강화할 수 있다는 것을 알게 될 것이다.

이러한 변화는 IT와 나머지 조직의 협업을 간소화할 수도 있다. 워터폴 전략과 얼어붙은 타임라인은 많은 IT 부서가 느리고 비협조적인 파트너로 기업에서 나쁜 평판을 얻는 커다란 이유이다. 이제 많은 사람이 IT 제품 개발을 구성하는 방법에 대한 기본적인 재검토의 필요성을 인식하고 있다. 빠르게 변화하는 분석 세계보다 더 큰 요구는 없다.

애자일 분석

애자일 데이터 플랫폼은 분석 전문가가 프로젝트 환경을 구성하고 기업의 다른 부서와 협업할 수 있는 더 나은 방법을 찾는 데 의존한다. 다행히 오늘날 분석 위주의 애자일 시스템을 구축하는 대다수는 작업 안내에 도움이 되는 점점 더 많은 템플릿과 프레임워크의 혜택을 받고 있다. 우리는 스크럼Scrum과 같은 애자일 개발 방법론의 열혈 팬이 되고 있다.

8장은 스크럼으로 구현하고 작동하는 방법에 대한 자세한 내용을 포함한다. 여기에선 조직 전체에 걸쳐 분석 변화를 촉진하는 애자일 개발과 프로젝트 관리 플랫폼의 주요 사례로 설명할 것이다.

스크럼은 애자일 환경을 지원하도록 설계된 몇 가지 핵심 역할을 제시한다. 제품 소유자는 외부 이해 당사자를 대표하며 고객이 분석 솔루션이 필요한 다른 부서의 내부 동료인 경우에도 일반적으로 고객의 목소리로 간주된다. 제품 소유자는 복잡한 요구 사항 문서를 제공하지 않고 일반적으로 사용자 스토리 또는 기타 고객 중심 설명을 초안으로 작성해 요구 사항을 정의하고 우선순위를 정한다. 개발팀은 분석, 설계, 개발, 문서화, 구현에 관한 실제 작업을 담당한다. 이러한 팀은 대개 열 명 이하로 규모가 작지만 상호 기능적이며 일을 수행하는 데 필요한 모든 기술을 보유하고 있다.

장애를 해결하고 제거할 책임은 스크럼 마스터Scrum master에게 있다. 스크럼 마스터는 고객의 대리인도 아니고 전통적인 팀 리더 또는 프로젝트 관리자도 아니다. 작업은 팀이 합의된 스크럼 프로세스를 따르고 팀과 혼란스러운 영향 사이의 완충 역할을 하도록 하는 조력자에 더 가깝다.

스크럼의 전체 프레임워크는 문제를 신속히 파악하고 극복하기 위한 혁신적 방법을 알아내기 위한 '노출 모델exposure model'로 사용할 만큼 느슨하고 역동적이다. 느슨함이 통제 불능을 의미하지는 않는다. 사실 메리엄 웹스 티Merriam-Webster 사전에 '무질서한 투쟁이나 싸움disorderly struggle or fight'으로 정의된 것처럼 럭비 경기의 스크럼에서 파생됐지만 스크럼 프로젝트에서 진행 중인 고도로 체계적인 프로세스가 있다. 문제는 표면에 무질서하게 보일 수 있지만 당신이 보고 있는 것은 교육, 마케팅, 운영, 기타 환경에 대한 프로젝트에 광범위하게 채택된 지속적인 피드백, 전략적 조정, 코스 수정을 위해 입증되고 성공적인 프레임워크다.

이 유연한 방법론flexible methodology은 소프트웨어 제품 개발을 위해 처음 고안됐지만 스크럼 분석에 매우 적합하다. 소프트웨어 고객의 요구 사항을 처리하기 위해 이 방법론에 내장된 동일한 유연성이 새로운 방식으로 데이터를 사용하고 기능을 조정할 때 분석 전문가들이 발견하는 끊임없이 변화하는 조건을 처리하는 데 유용하기 때문이다.

그러나 궁극적으로 애자일 프로젝트 관리 플랫폼은 예전 워터폴 절차와 동일한 절차 위에 놓여서는 안 되며 완전히 대체해야 한다. 그렇지 않으면 '워터스크럼waterscrum' 또는 '스크러머폴scrummerfall'이라고 불리는 것을 얻게 된다. 이 닉네임은 유머러스할 수 있는 반면에 혁신 기회와 경쟁 우위의 관점에서는 그럴 수 없다. 단순히 엔지니어의 애자일을 역전시킬 수는 없다. 스크럼과 같은 플랫폼은 조직 전체에서 진정한 애자일리티를 실현하기 위한 청사진의 일부일 뿐이다.

청사진의 또 다른 핵심 부분은 1장에서 논의했던 셀프서비스 윤리self-service ethic다. 셀프서비스 툴이 없는 스크럼이나 다른 애자일 플랫폼을 사용하는 것은 아무 소용이 없다. 불행히도 많은 인프라가 워터폴 방법론으로 설정됐다. 서비스 수준 계약SLAs, service-level agreements 이 7일 이상인 발권 시스템 같은 것은 너무 일반적이며 스크럼의 성공을 방해할 것이다. 애자일 개발과 셀프서비스 툴링^{self-service tooling}은 손을 맞잡고 가야 한다. 센티언트 엔터프라이즈에서 이러한 방식은 새로운 종류의 데이터 마트를 통해 이뤄진다.

가상 데이터 마트로 기업 전체에 애자일리티 퍼뜨리기

애자일 데이터 플랫폼을 만들려면 전통적인 데이터 웨어하우스 구조와 방법론을 고려한 것에서 애자일리티를 위해 구축된 균형 잡힌 분산 프레임워크로 선회해야 한다. 엔터프라이즈 데이터 웨어하우스^{EDWs, enterprise data warehouses}에서 데이터를 호스팅하는 것은 애자일하지 않지만, 우리는 이미 오류와 무질서 상태로 시스템을 방해하는 사일로 데이터 마트를 구축할 때 문제가 되지 않는다는 것을 알고 있다.

데이터 마트는 레거시 기술^{legacy technology}[1]에서만 발견되는 것은 아니라는 사실을 꼭 기억하라. 실제로 오늘날 생성되는 대부분의 데이터 마트는 SQL, NoSQL, 데이터베이스, 파일 시스템 또는 이와 유사한 기술로 구축된다. 시스템이 추가 데이터 사본을 만들거나 통합되지 않은 데이터 사일로일 때 오픈 소스든 아니든 또는 레거시든 아니든 관계없이 데이터 마트가 된다. 스케일링 기능이 크기를 페타바이트^{petabyte}[2] 규모로 끌어 올렸기 때문에 모든 것 중에서 가장 큰 사일로는 실제로 하둡^{Hadoop}과 유사하게 구축됐다.

앞서 말했듯이 지속 가능한 개선 계획에는 사람, 프로세스, 기술이 모두 데이터와 어떻게 결합하는지 다시 상상해야 한다. IT 부서가 자산 배분에

---

1 현재 사용 가능한 새로운 시스템이 존재하지만 대체하지 못하고 과거로부터 내려오는 방법의 기술이나 시스템 – 옮긴이
2 페타바이트는 1,000테라바이트를 말함 – 옮긴이

관한 데이터 연구 프로젝트를 수립하는 데 18개월 동안 기다리지 않길 원하는 1장에서 선의의 재무 분석가를 어떻게 만났었는지 기억해보라. 그의 불행한 선택은 자신의 데이터 마트를 구축하는 것이었는데, 이것은 기업의 광범위한 데이터 인프라에서 수집한 사본 모음이었다. 와일드 웨스트 솔루션은 기업 데이터 일부를 복사해 조작할 때마다 데이터의 값과 정확도가 급상승하는 잘못된 결과를 낳았다.

조직 전체가 애자일을 확보하고 지속하게 하려면 데이터 마트나 데이터 랩의 편리한 셀프서비스인 샌드박스Sandbox 개념을 유지하면서 더 큰 데이터 에코 시스템을 오염시키지 않는 방식으로 구축해야 한다. 해답은 가상 데이터 마트VDM, Virtual Data Mart다. 이는 함정(데이터 드리프트, 복제, 및 오류) 없이 전통적인 마트(인지된 애자일리티와 최소의 형식적 절차를 인식하는)에 동료를 유혹하는 많은 조건을 반복한다.

3장의 시작에서 분산된 사용 사례에 대한 데이터에 중앙 집중식 액세스의 필요성을 강조했다. 이것이 바로 VDM이 하는 일이다. 사용자는 자신의 데이터와 마찬가지로 생산 데이터에 빠르게 액세스해 자신의 특정 사용 사례를 신속하게 실행할 수 있다. 그렇지만 이러한 활동은 생산 데이터 자체를 변경하지는 않는다. VDM을 사용한다면 기존 데이터에 연결하고 현재 데이터 템플릿과 규칙을 캡처하고 수정해 프로토타입을 안전하게 실험하고 구축할 수 있다.

조직의 여러 사용자가 실시간으로 VDM을 동시에 만들고 있다. 결과적으로 기업의 모든 사람이 언제 어디서나 해당 데이터를 요청하고 분석할 수 있어 여전히 유연하고 정확하며 깨끗한 데이터를 얻을 수 있다. VDM은 쉽게 사용할 수 있어야 한다. 그렇지 않으면 또 하나의 장애 요소가 될 것이다. 이러한 이유로 VDM은 모든 데이터가 있는 기존 플랫폼의 상단이나 내부에 배치된다. 사용자는 해당 VDM(또는 샌드박스, 데이터 랩, 혹은 당신이 부르고 싶은 대로)을 프로비저닝하는 순간 모든 데이터를 볼 수 있다.

인증된 것이 무엇이든 해당 맥락에서 데이터에 접근하는 것은 오픈 북과 같아야 한다. 핵심 사항으로 IT가 인증에 대한 기본 요구를 충족할 때는 판단 경영에서 벗어날 시간이다. 기업은 아무것도 묻지 말고 일정량의 스토리지(예를 들어 100이나 200기가바이트)를 지정하도록 권한다. 이상적으로 이런 종류의 셀프서비스 프로비저닝^{self-service provisioning}은 5분 이내에 바로 수행될 수 있다.

작동 중인 가상 데이터 마트(다른 이름으로도)

우리가 가설로만 이야기한다고 생각되면 델과 제니퍼 펠치와 동료들이 직면한 도전을 더 가까이서 바라보자. 1984년 마이클 델^{Michael Dell}이 회사를 설립했을 당시에는 순수한 하드웨어 공급 업체였다. 델은 공급망 관리와 전자 상거래, 특히 주문 제작 또는 주문 제작 방식의 초기 개척자였다.

이후 개인용 컴퓨터, 서버, 데이터 저장 장치부터 네트워크 스위치, 소프트웨어 프로그램, 컴퓨터 주변 장치, 카메라, TV, 프린터에 이르기까지 모든 것을 판매하면서 IT 서비스, 엔터프라이즈 솔루션, 소프트웨어와 클라이언트 솔루션으로 확장했다. 이러한 성장은 제니퍼 펠치가 3장의 시작 부분에서 우리에게 공유한 어려운 도전으로 이어졌다.

엔터프라이즈 서비스와 주문 경험 담당 부사장인 제니퍼는 글로벌 제조에 관한 보고 및 분석을 위한 데이터를 하나의 마스터 환경으로 집계하는 미션 크리티컬 작업을 수행했다. 이러한 환경은 전 세계 모든 제조 기능과 지역을 설명해야 했다. 또한 조직 전체에 걸쳐 데이터를 투명하고 액세스 가능하며 일관성 있게 유지하면서 모든 작업을 수행해야 했다.

델은 VDM이라고 부르는 기업 자체 버전을 개발해 문제를 해결했다. "현재 25개의 비즈니스 지원 활성 랩 환경이 있습니다." 제니퍼가 말했다. "이 환경은 마스터를 변경하지 않고 반환 경로가 없는 큐브^{cube} 안의 데이터를 다른 레벨로도 가져가지 않습니다."

"이제 우리 팀은 모든 데이터에 액세스할 수 있습니다. 데이터를 갖고 놀면서 어떤 의미가 있는지 알게 됐죠." 제니퍼가 계속 말했다. "우리가 집단으로 '이봐, 이것이 전반적으로 특정 KPI를 측정하는 가장 좋은 방법인 것 같아'라고 말할 수 있는 지점에 이를 때 정의, 의미, 심지어 계산에 대한 합의가 이뤄지면 그것을 공통의 데이터 환경에 다시 넣을 수 있고 모든 사람이 접근할 수 있습니다."

"우리에게 테이크아웃은 매우 분명했어요." 제니퍼가 요약했다. "스케일링은 우리에게 '프로세스를 변경해야 할 것입니다'라고 말하는 강제 기능이었어요. 우리가 미흡한 관행을 유지하고 있었다는 게 아닙니다. 더 많은 글로벌 프로세스와 인프라를 활용하려면 데이터 작업 방식도 조정해야 했습니다."

타임 복싱

델의 사례는 VDM이 얼마나 강력할 수 있는지를 보여준다. 그러나 델의 성공과 이러한 접근법을 택하는 모든 기업의 성공 비결은 시간이 지남에 따라 VDM 환경을 어떻게 관리하느냐에 달렸다. 데이터 랩은 실험과 발견을 위한 임시 도구라고 정의할 수 있다. 즉, 장기적으로는 사람들이 필요로 하지 않거나 사용할 수 없는 수천 개의 데이터 마트를 결국 갖지 않도록 일종의 거버넌스를 추진해야 한다.

VDM은 완료됐을 때 간단히 사라지지 않는다. 시스템에 있는 귀중한 공간을 차지하는 디지털 데드우드deadwood 3처럼 축적되지 않게 하려면 어떻게 해야 할까? 답은 타임 박스에 있다. 가장 필요로 하는 용량을 할당하기 위해 검증된 방법이다. 작동 방식은 다음과 같다.

기업 구성원들이 VDM을 쉽게 프로비저닝할 수 있게 하되 30일이나 60일 또는 90일 정도의 제한된 기간 동안 엑세스를 지정하라. 분석 실험을 실행하는 사람이라면 누구나 대박을 터뜨리거나(혹은 유망한 잠재 고객을 찾거나) 아니면 포기할 수 있는 합리적인 시간이다. VDM 액세스가 만료될 시점, 예를 들어 시스템 만료 10일 또는 15일 전에 자동 알림을 만들어 이메일 알람을 쉽게 보낸다.

알림 내에서 더 많은 시간이 필요한 사용자가 링크를 클릭하고 한두 달 동안 액세스를 확장하기 쉽게 만들라. 사람들이 뭔가를 이뤄낸다면 더 많은 시간을 요구할 것이다. 그렇지 않다면 이메일 알림을 무시할 것이고 VDM이 사라지더라도 신경 쓰지 않을 것이다.

이 과정에서 VDM 환경을 지원하기에 충분한 용량을 할당하는 것이 매우 중요하다. 사용하지 않거나 불필요한 실험을 제거하는 자동 프로세스를 사용하더라도 현재 사용 중인 많은 데이터 마트에 상당한 용량을 할당해야 한다. 이런 요구는 당신이 승리를 달성할 때 커질 것이고 접근 방식은 기업 전체에서 시행할 것이다.

여기서 요점은 샌드박스 환경을 켤 수 없다는 것이다. 궁극적으로 이런 종류의 실험을 위해 할당된 기업 시스템 용량의 30~50%가 필요할 수 있다. 그러나 오늘날의 대부분 기업은 이러한 용도로 사용되는 용량의 0~5%만을 보유하고 있다. 필요로 하는 용량의 투입이 없다면 인력이 부족한 콜센터를 시작하는 것 같이 기능 장애와 좌절감을 느끼게 될 것이다.

---

3 볼링에서 볼에 맞아 쓰러졌지만 앨리에 남아 있는 핀 – 옮긴이

적어지는 요구, 많아지는 프로토타입

VDM 시스템을 올바르게 설정한다면 기본적으로 스스로 선택하는 혁신을 위한 셀프서비스 환경인 애자일 데이터 플랫폼의 초석이 된다. 더 많은 시간을 요구하고 초기 프로토타입을 만드는 단계를 넘어섰을 가능성이 있는 기업의 구성원을 추적하는 것은 쉬운 일이다.

이 프로세스에서 혁신이 얼마나 원활하고 번거롭지 않은지 알 수 있다. 여기서 워터폴 스타일 요구 사항을 이야기하는 것이 아니다. 데이터로 누가 무엇을 하고 있는지 관찰하고, 팀이 프로토타입의 진척이 있을 때 성숙도에 솔루션을 제공할 수 있는 IT를 위한 전략적 방법을 찾는 것은 더 자연스러운 방법이다. 그렇다면 오래된 워터폴 요구 사항 문서 대신 무엇을 넣을까?

대답은 간단하다. '스피드보트speedboat'나 '패스트트랙fasttrack' 접근이라고 부르는 것을 도입하면 된다. 이는 기본적으로 작동하는 프로토타입을 확보한 사람이라면 누구나 생산용으로 프로토타입을 강화하고 복제하기 위해 IT 지원의 패스트트랙 프로그램에 참여할 수 있음을 의미한다. 6장에서 자세히 살펴보겠지만 클라우드와 소위 데브옵스DevOps 4 자원은 이러한 접근법을 가능하게 할 수 있다.

워터폴 요구 사항에 대한 공간과 필요성 없이 '작게 시작하고 빠르게 확장하는' 접근 방식이다. 프로토타입이 요구 사항 문서보다 훨씬 유용하기 때문이다. 워터폴 방법론에서 볼 수 있는 광범위한 정의와 알고리즘과 출력에 대해 고도로 집중된 범위를 제공한다. 프로토타입은 보통 기본 대시보드와 시각화를 제공하고 실험자 측에서 이미 질문하고 답변한 수많은 질

---

4 개발(development)과 운영(operation)을 결합한 혼성어로 개발자와 운영자가 협력해 개발하는 방법론
 — 옮긴이

문을 나타내는데, 그중 하나가 워터폴 개발 시스템에서 '이전 계획이 실패한 후 계획을 다시 잡는' 순간을 촉발했을 것이다.

경험을 통해 하나의 실제 프로토타입이 100가지 요구 사항 문서의 가치가 있음을 알 수 있다. 많은 작업이 이미 완료됐기 때문에 IT는 프로토타입을 생산 응용 프로그램으로 성숙시키는 데 집중할 수 있다. 분석팀은 대규모 프로젝트를 처리하는 대신 작은 프로토타입을 개발해 성숙도와 기업 전체의 가치에 따라 최고의 프로토타입을 찾아내고 있다.

이러한 프로토타입은 함께 사용할 때 혁신을 위한 모판을 구성할 수 있다. 특정 프로토타입을 선반에 둬야 할지, 폐기해야 할지, 생산해야 할지를 알기 위한 기간은 일반적으로 4~6주에 불과하다. '페일 패스트fail fast5' 환경에서 많은 후보가 실제로 버려진다는 것을 알게 될 것이다. 그러나 다른 프로토타입은 워터폴 방법론과 함께 제공되는 시간과 비용의 극히 일부로 기업의 성숙도를 높이고 실질적인 가치를 창출할 것이다.

분석에 관한 분석

지금까지 기민한 분석을 위해 역동적이고 혁신적인 셀프서비스 환경을 마련했다. 그러나 프로세스에서 최대한의 가치를 얻으려면 "셀프서비스를 지원할 수 있을 뿐만 아니라 관리할 수 있어"라고 말할 수 있도록 계측기를 배치하는 것이 매우 중요하다.

정확하게는 개입하고 지원하기 위해 설계자를 보내기 전에 사람들이 자신의 프로토타입과 파일럿 시스템을 실험하고 구축할 수 있게 하므로 성공적인 프로토타입을 달성하기 위해 동료가 수행한 단계를 분석하고 재구성

---

5 시스템 설계에서 장애나 오류 가능성이 있는 상태를 인터페이스에 즉시 보고하는 시스템 - 옮긴이

하는 메커니즘이 필요하다.

이것은 중요하다. 일반적으로 자신이 취한 모든 단계를 추적하지 않기 때문이다. 목표가 문제 해결이든 조정, 재구성 또는 권장하는 것이든 간에 설계자는 사람들이 데이터 랩에서 작업할 때 실시간으로 모든 상호 작용을 기록하고 재생하는 확실한 방법이 있어야 하며, 중요한 결정과 통찰력이 어디서 만들어지는지 검토하기 위해 그 이후의 정보를 검색해야 한다.

센티언트 엔터프라이즈에서는 이를 '**분석에 관한 분석**AonA, Analytics on Analytics'이라고 하며, 샌드박스와 데이터 랩의 모든 상호 작용이 기본적으로 캡처되도록 VDM 환경을 설정해야 한다. 어떤 상호 작용이 회고에 유용할지 지금은 모를 수 있다. 그러나 모든 상호 작용이 문서로 만들어지므로 성공사례를 살펴보고 어떤 데이터와 분석적 접근법이 이들에 기여하는 데 도움이 됐는지 보면서 모든 것을 마음대로 할 수 있다. 분석 사용의 클릭스트림clickstream이라고 생각하라.

분석에 관한 분석을 수행하면 프로토타입과 분석 모델이 만들어졌을 때 있었던 효과나 없었던 효과를 세부적으로 이해할 수 있다. 모든 사람이 수행한 작업을 기록하면 개발 프로세스의 모든 부분을 검토하고 심지어 이벤트를 순서대로 재생해 일정 기간 발생한 상황을 역동적인 그림으로 파악할 수 있다(예를 들어 '프로토타입 개발의 마지막 2주를 살펴보고 대시보드 결함을 수정하기 전에 발생 지점을 자세히 살펴보자'). 이 접근법의 이점은 실패한 접근법 대부분이 샌드박스 단계에서 죽어 프로토타입과 IT 개입 지점에 도달하지 못했기 때문에 주로 무엇이 효과가 있었는지 면밀히 검토한다는 것이다.

계층화된 실제 데이터 아키텍처 만들기

3장에서 지금까지 설명한 모든 전략은 데이터에 대한 애자일을 높이는 데 도움을 줄 것이다. 그러나 애자일 환경을 지원하고 뒷받침할 수 있는 견고한 데이터 아키텍처가 없다면 실제로 작동하지 않는다. 애자일리티에 대한 모든 논의는 단지 쇼윈도 장식에 불과할 것이며 사람들은 결국 워터폴 방법론으로 되돌아갈 것이다.

도입부에서 애자일리티에 대한 정의가 문제를 더 작은 문제로 분해하는 데 집중했던 것을 떠올려라. 이것들은 해결하고 협력하기가 더 쉽다는 말인가? 우리가 필요로 하는 아키텍처는 데이터 자체에 대한 분해 프레임워크, 여러 형태(가공되지 않은, 느슨하거나 단단히 결합된 등등)로 데이터를 처리하는 분류 도구로 작동시켜야 한다.

아키텍처는 처리되지 않은 원자 데이터를 시작으로 여러 수준의 복잡성에서 정보를 렌더링하고 레인과 역할을 할당해 여러 종류의 사용자를 동일한 데이터에 오버레이하도록 하며 여러 사용자가 익숙한 상황에서 이를 수행해야 한다. 센티언트 엔터프라이즈에서는 이를 계층화된 데이터 아키텍처LDA, Layered Data Architecture라고 부른다.

LDA는 센티언트 엔터프라이즈 여정의 5단계 전반에 걸쳐 진행되는 중심 프레임워크이기 때문에 이 책 전체에 걸쳐 여러 번 보게 될 것이다.

계층화된 데이터 아키텍처

	사용자	비즈니스 분석	고급 사용자	데이터 과학자	
5 데이터랩 가상 샌드박스 및 프로토타입					사용자 소유
4 프레젠테이션 애플리케이션 구체적인 관점					
3 통합 BU 특정 롤업					비즈니스 규칙
2 계산 핵심 성과 지표					
1 통합 통합 모델 (낮은 세분화)					원자 데이터
0 스테이징 1:1 소스 시스템					

가장 낮은 스테이징 레이어staging layer는 소스 시스템의 원래 충실도로 저장된 원자 데이터가 포함된다. 이 계층에서 데이터는 소스 시스템 표현을 가능한 한 가깝게 반영해야 하며, 여기에는 데이터 유형과 구조의 연계가 포함된다. 예를 들어 날짜나 재무 데이터는 단순히 텍스트가 돼서는 안 된다. 그렇지 않으면 제일 첫 번째 연계가 깨지도록 허용하게 된다.

스테이지 레이어는 기업의 가장 기술적인 데이터 엔지니어 또는 데이터 과학자가 접근할 수 있다. 레이어가 독립형 데이터 레이크data lake와 같지 않다는 것을 명심하라. 대신 레이어 0Layer 0은 전체 플랫폼의 일부가 되고 크기와 복잡성 그리고 결정적으로 동시성에 따라 규모를 확장할 수 있어야 한다. 말하자면 데이터 레이크로서의 레이어 0의 독립형 버전을 만들 수 없으며 데이터에 엑세스하는 수십 개의 동시 작업이 제한된다.

스테이징 레이어는 수십만 명의 사용자와 프로세스가 동시에 데이터에 엑세스하고 처리하는 엔터프라이즈 규모여야 한다. 동일한 데이터를 여러 가지 방법(고객, 세분화, 제품, 계층 구조, 내부 대 외부 견해, 재무 또는 마케팅 사용 사례 등)으로 사용해야 한다.

그러나 LDA에서 높은 위치에 있을수록 사전 정의된 구조가 더 많아지고 기업 내 더 많은 사람이 훨씬 쉽게 분석을 수행할 수 있게 된다. 집계 레이어에 도착할 때까지 비즈니스 사용자는 그들에게 친숙하고 유용할 수 있는 고객 속성, 위치, 수익 또는 여러 기준에 따라 데이터 세트에 편안하게 엑세스하고 분류할 수 있다.

더 나아가 프레젠테이션 레이어는 가장 구조화되고 미리 정의돼 있다. 여기에서 다양한 그룹이 서로 다른 인터페이스를 통해 숫자에 엑세스할 수 있지만 여전히 동일한 데이터를 볼 수 있다. 주로 그 부분에 엑세스할 수 있는 권한이 있는 사용자나 응용 프로그램에서 구조화, 버전 제어, 이전 버전과의 호환성을 위한 유지 보수, 그리고 이용 가능한 데이터에 공개된 API로서 프레젠테이션 레이어를 생각해보라. 결국 데이터 랩은 실험과 셀프서비스를 지원하는 사용자가 소유한 샌드박스다. 이들이 3장에서 상세하게 이야기하고 있는 VDM이다.

LDA는 애자일 데이터 플랫폼의 기초다. 분산 사용 사례에 대한 중앙 집중식 엑세스를 제공하는 마찰 없는 셀프서비스 분석 모델을 구동하는 엔진이다. 여전히 엑세스와 거버넌스를 제어하면서 데이터를 중심으로 모두 협업하는 데 도움이 된다. 분해된 문제나 이를 관리할 수 있게 만드는 시스템으로서 애자일리티를 정의한 것을 기억하는가? LDA를 데이터와 프로세스의 분해 프레임워크로 생각해보라.

자동차 산업의 주동적 변화

LDA 접근법은 제너럴 모터스에서 시행 중이다. 1장에서 처음 만났던 GM 의 브렛 버메트는 "데이터 수집과 배치를 빠르게 가속화하고 있습니다"라고 말했다. "통합 데이터라고 부르는 것을 실제로 비정규화^{denormalizing}해 다양한 수준에서 이를 필요로 하는 80% 혹은 대다수가 쉽게 소비할 수 있는 형태로 순조로이 사용할 수 있도록 하고 있습니다."

브렛은 "EDW 프로그램 초기에 수집한 많은 데이터는 복제를 줄이고 테이블에서 키의 무결성^{integrity of keys}을 보장하도록 매우 통합적이며 구조화돼 있습니다"라고 설명하며 "그래서 우리가 하는 일은 데이터 중 일부를 결합하고 해당 데이터를 유용하게 만드는 데 필요한 접합 수를 줄이고 사람들이 비교적 쉽게 소비할 수 있는 일부 데이터 구조를 만들려 노력하고 있습니다"라고 덧붙였다.

1장에서 브렛을 처음 만났을 때, 그는 수백 개의 데이터 마트에 주문을 제공하기 위해 GM의 자체 분석 점검에 관해 이야기했다. 인터뷰에서 브렛은 기업 전체의 성공적인 노력과 관련된 몇 가지 추억을 공유했다.

"소수였던 데이터 웨어하우징^{data warehousing} 전문가가 몇 개월 만에 수백 명으로 빠르게 증가했습니다. 우리는 깊은 역사를 가진 사람들을 그 공간으로 데려왔습니다. 초기 6주간의 연구를 통해 기술 배치를 위한 로드맵을 만들고 인력 계획을 세웠습니다. 이 연구는 기업 전체에서 200개 이상의 데이터 마트를 확인하는 데 도움이 됐습니다."

"우리 관점에서는 데이터 마트가 종종 구식이며 분명히 널리 사용할 수 없거나 통합되지 않은 기존 분석 플랫폼과 저장소여서 좋지 않습니다. 그래서 우리가 실제로 시도하는 것은 기업 전체에 데이터 마트를 통합하는 것입니다. 솔직히 우리가 발견한 데이터 마트의 수에 놀라지 않았습니다. 기업으로서의 GM 역사를 회상해보면 캐딜락^{Cadillac}, 쉐보레^{Chevrolet}, 뷰익^{Buick}, 올즈모빌^{Oldsmobile}, 폰티악^{Pontiac}과 같이 트럭과 버스 그룹, 토성이 있는 느슨하게 연결된 대기업이었습니다. 조직의 각 부분은 IT 관점에서 독립적으로 운영됐습니다."

"따라서 사일로 응용 프로그램과 기능 분야 전반에 걸쳐 더 많은 통합에 대한 요구를 포함하는 도전의 오랜 역사가 있습니다. 우리는 모든 데이터를 하나로 모으고 사람들이 기업을 훨씬 더 전체적으로 운영하는 데 사용하는 데이터를 보도록 통합된 기반을 제공하기로 했습니다. 때에 따라 기업 전체에 걸친 관점을 제공하는 유용한 결과를 얻으려면 높은 수준의 큐레이션, 거버넌스, 관리, 데이터 통합이 필요합니다. 다른 솔루션은 통합이 적고 데이터 큐레이션이 거의 없거나 전혀 없는 상태일 수 있습니다. '큐레이션 수준과 상관없이 모든 데이터는 가치가 있다'라는 사고방식으로 전환하고 있습니다."

"우리의 첫 번째 솔루션은 일부 데이터 세트를 수집하고 더 널리 사용할 수 있도록 하는 것입니다. 공장을 떠나기 전에 차량에서 먼저 수행된 테스트였던 '역동적 차량 테스트^{dynamic vehicle test}' 데이터를 모았고 기업 전체의 더 많은 사람이 더 쉽게 이용할 수 있도록 공장 전체에 해당 데이터를 통합했습니다. 비슷한 방식으로 차량 수익성에 관한 재무 데이터를 더 잘 공유하고 분석할 수 있는 기능을 구축했습니다."

브렛은 그때부터 GM의 데이터 변환이 비즈니스 전반에 걸쳐 수많은 부문과 이해 관계자들을 지원하기 위해 계속됐다고 말한다. "거의 모든 방향을 가리키고 이점을 볼 수 있습니다." 몇 가지 사례를 인용하면서 말했다. "주주라면 마케팅에서 수익성과 기타 분석에 대해 의사 결정이 개선되는 것을 볼 것이며, 콜센터 운영은 훨씬 더 적극적이고 차량 안전과 성능 및 품질 관리도 향상됐습니다."

빅 픽처 기억하기

지금쯤이면 틀림없이 우리의 만트라처럼 보이겠지만 애자일리티는 사람과 프로세스, 기술 모두가 데이터 중심으로 모이는 방법의 최적화를 요구한다는 것을 잊지 말아야 한다. 이는 지속적인 균형을 유지하는 법이며 다른 두 영역도 다루지 않으면 한 영역에서 수행하는 모든 노력이 무력화될 것이다. 조직에서 더 나은 시스템을 시행하고자 할 때 세 가지 요소를 모두 고려해야 한다. 사실 우리의 구현에 초점을 둔 8장에서는 기업이 지금까지 논의한 인력, 프로세스 그리고 기술 이니셔티브를 어떻게 실행에 옮길 수 있는지에 대해 좀 더 세부적인 내용을 담고 있다.

특히 사람들 앞에서 기업의 교육과 지침에 대한 요구를 과소평가하지 마라. 프로토타입 팀과의 관계를 관리하는 우수한 내부 전문 서비스를 제공하라. 프로토타입 팀에 설계자와 데이터 과학자를 자문위원으로 임명하고 자문위원이 사무실을 해당 팀이 근무하는 곳으로 옮기도록 고려하게 하라.

즉시 이해하지 못하는 동료가 변화를 위한 사례 만들기에 익숙해지도록 하라. 사람들 대부분은 실패를 두려워하므로 VDM 생태계에서 나오는 여러 프로토타입의 스피드 보트 개발에 따라오는 '페일 패스트' 사고방식을 이해하도록 도와야 한다. 또한 이러한 데이터 랩에 기업 시스템 용량의 절반이나 되는 양을 투자하는 것이 왜 중요한지를 회의론자들에게 설명하는 자신을 발견할 수도 있다.

적절한 균형을 잡으려면 VDM에서 얻을 수 있는 모든 유연성과 워터폴 이후 반복적이며 증대하는 개발 모델의 애자일은 조직에서 워터폴이나 중앙집중식 아키텍처 기능의 필요성을 완전히 대체하지 못한다는 것을 인식해야 한다. 작게 시작하고 빠르게 규모를 확장할 필요가 있다. 새로운 혁신을 기업 전체에 당장 적용하려고 하면 안 된다. 바다 전체를 펄펄 끓이려는 것만큼 무모한 일이다. 그러나 결국 중앙 집중식 시스템을 활용해 완전히 성숙한 솔루션을 만들고 기업의 다른 부분으로 퍼뜨리기 위해 전파해야 한다. 중앙 집중식 아키텍처와 중앙 집중식 애플리케이션은 주요 기업의 특징이며 성숙 프로세스의 어느 시점에서나 혼합해 사용해야 한다.

애자일 데이터 플랫폼과 LDA로 데이터 엑세스를 시작하면 사람들은 자유롭게 데이터를 탐색하고 고객 라이프 사이클과 관계에 대한 심층 질문을 할 수 있다. 이것은 새로운 가능성과 새로운 도전을 제시함과 동시에 센티언트 엔터프라이즈 여정의 다음 단계인 '행동 데이터 플랫폼'이 들어오는 지점이기도 하다.

CHAPTER 4

행동 데이터 플랫폼

제품이 팔리고 지불하고 제품을 반환하고 보증 수리하는 등 제품과 거래에 초점을 맞췄던 불과 한 세대 전을 생각해보라. 그 시절에는 고객이 생각하고 느끼거나 믿거나 의심했던 것에 대한 거의 모든 것이 일화로만 남아 있고 주로 전화나 편지 혹은 상점 직원들과의 면대면 대화로 공유하기만 했다.

이베이 같은 현대 기업에서 매일 발생하는 매우 다른 시나리오를 생각해보라. 미국의 다국적 전자상거래의 거인으로 주어진 시간에 약 8억 건의 판매 목록을 지원함에 따라 정교한 고객 DNA 데이터베이스가 온라인 활동을 분석하고 있다. 탐색, 입찰, 구매, 지출, 리뷰 등 여러 기타 요소를 중심 패턴으로 개별 및 집계 수준에서 통찰력을 얻기 위해 각 고객의 포괄적인 데이터 중심 프로필을 구축한다.

고객 DNA는 여러 면에서 기업의 중추다. 데이터는 고객의 태도, 행동, 인구 통계, 관심사뿐만 아니라 이베이에 대한 가치를 포함해 고객을 완전히 파악하는 데 사용된다. 이 시스템은 장바구니 데이터cart data, 시가 데이터watch data, 상점 간 행동cross-shop behavior 등의 활동과 데스크톱 및 모바일에서 발생하는 활동량을 본다. 궁극적으로 고객 DNA 환경은 고객 행동에 대한 매우 강력한 통찰력을 위해 고객 기반과 모든 개별 변화의 통합된 관점을 만든다.

오늘날의 경제는 고객 경험과 행동에 대한 심층적 이해로 좌우된다. 비즈니스 성공을 위해 3장에서 제시한 애자일리티 토대를 활용해 센티언트 엔터프라이즈 여정의 2단계인 올바른 행동 데이터 플랫폼을 생성해야 고객 경험과 행동을 이해하고 관리할 수 있다.

수십 년 전 사람들이 트랜잭션에 대해 생각하고 느꼈던 고객 감정customer sentiment은 거래 자체에 대한 사후 생각으로 남아 있었다. 이 시나리오는 새로운 수요와 시장을 창출했던 혁명적인 신제품이 주도하는 20세기에 충성도 높은 구매자를 위해 완벽하게 작동했다. 전화, 대량 생산 자동차, 주방 가전 제품, TV, 개인용 컴퓨터 등 기타 품목의 출현으로 경제가 발전했다. 생산 규모에서도 제품에 중점을 뒀다. 고객은 제품 자체에 열광하고 소비자 금융 옵션을 통해 거래를 계속할 수 있었다. 성장은 더 많은 사람이 구매할 수 있는 제품을 만드는 데 의존했다.

센티언트 엔터프라이즈 5단계

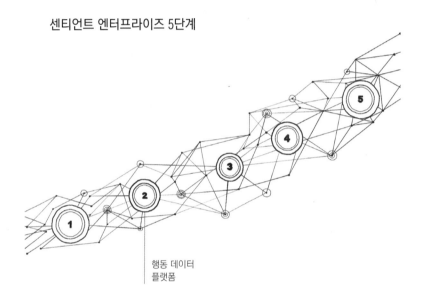

행동 데이터
플랫폼

옐프Yelp와 페이스북Facebook 이전, 빅 데이터와 전자상거래가 있기 전의 시기였다. 쇼핑의 요령이 있던 쇼핑객은 상점에서 상점으로 차를 몰고 가기도 하고 신문 광고를 검색하거나 〈소비자 보고서Consumer Reports[1]〉의 지난 호를 샅샅이 뒤지는 노력을 해야 했는데, 이렇게 비교하는 쇼핑은 자원이 필요했다. 그런데도 최고 제품에 대한 고객의 지식은 아마존Amazon, 이베

---

[1] 미국의 잡지(www.consumerreports.org) - 옮긴이

이 그리고 무료 당일 배송 이전의 시대에 그들이 물건을 손에 넣을 수 있다는 것을 보장하지 못했다. 오늘날에는 모든 것이 다르다!

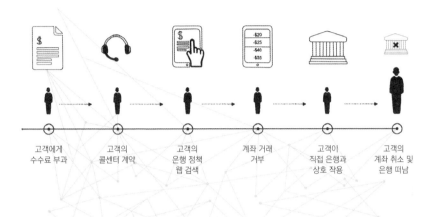

고객에게
수수료 부과

고객의
콜센터 계약

고객의
은행 정책
웹 검색

계좌 거래
거부

고객이
직접 은행과
상호 작용

고객의
계좌 취소 및
은행 떠남

사적인 것이 아닌, 맞춤형 상호 작용

우리가 고객 입장일 때는 더 편리하고 선택의 폭이 넓다. 그래서 더 까다로워지고 있다. 경쟁의 본질은 근본적인 방식으로 변화했다. 이제 고객 경험이 가장 중요하고 좋은 경험을 만들어내는 기업의 능력이 성공의 주요 차별화 요소가 됐다.

더욱 복잡한 문제는 광대한 새로운 시장과 획기적인 신제품의 빈번한 공개가 대부분 끝났다는 것이다. 획기적인 신제품(2007년도 아이폰의 등장은 아마도 최신 주요 혁명일 것이다)이라면 고객 경험을 훌륭하게 만들기가 오히려 쉽다. 요즘 포화 시장에서 운영할 때는 판매가 더 미묘하고 어렵다. 오늘날 기업들은 일반적으로 서비스 추가나 점진적 개선, 스마트폰 시장의 끝없는 가격 전쟁을 통해 누구나 알 수 있듯이 경쟁사로부터 새로운 고객을 끌어들여 성장을 모색한다.

비즈니스에 대한 추가 도전으로 고객의 요구를 증가시키는 동일한 디지털과 세계적으로 연결된 환경은 이러한 요구를 만족시키려는 기능을 복잡하게 만들었다. 지역 차원에서 볼 수 있는 개인화는 세계적으로 완전히 사라졌다. 또한 오늘날 고객은 대면 상호 작용을 기대하지 않는 방법을 배운 반면 개인 맞춤형으로 쉬워진 경험, 즉 편의를 기대한다.

개인의 면대면 접촉을 우선시하는 편의에 대한 소비자 요구는 제공하기에 복잡한 일이다. 고객들은 오늘날 자신의 경험이 개인적이지 않을 수 있다는 것을 알고 있지만 제품 제안이나 지식이 풍부한 기술, 제품 지원, 번거롭지 않은 배송, 온라인과 오프라인 경험의 원활한 옴니채널omnichannel 통합을 위한 좋은 알고리즘과 같은 개인화된 느낌이 필요하다. 문제가 발생하면 전화 한 통으로 문제 해결과 반품, 환급에 대해 능률적인 멀티채널 프로세스를 포함해 모든 접점에서 더 나은 고객 경험을 원한다.

이러한 변화 가운데 오늘날 경제에서 경쟁하고 생존하길 바라는 기업이 배워야 할 교훈이 있다. 고객 경험을 최우선으로 고객 행동과 행동 데이터를 추적하고 최적화를 활용하는 것이 유일한 방법이다.

행동 데이터에 기반한, 성공을 위한 새로운 방안

결과적으로 엔터프라이즈의 모든 레벨은 거래에서 행동 사고로 전환해야 한다. 특히 CXO[2]는 순이익과 수익 마인드보다 고객 만족과 감정 같은 행동 문제에 더 전적으로 집중해야 한다. 이러한 이해의 진화는 고위 경영진

2　CEO, CFO 등 최고 경영자들을 총칭 – 옮긴이

C-suite 리더가 고객 중심 관점의 용어로 생각하고 엔터프라이즈와 고객 간 강력한 유대 관계가 궁극적으로 중장기 수입과 수익에 긍정적 영향을 미친다고 인식하게 한다.

이것이 성공적인 리더가 구매자의 감정을 바탕으로 핵심 성과 지표를 수용하는 법을 배우는 이유다. 순 추천 고객 지수Net Promoter Score라는 핵심 성과 지표를 잘 알고 있으며, 고객 관계의 강점을 기업 매출 및 성장과 연관시키는 데 도움이 된다.

전통적인 고객 만족도 연구의 대안으로 2003년에 창안된 순 추천 고객 지수는 고객이 기업의 제품이나 서비스를 다른 사람에게 추천할 의사 정도를 측정한다. 점수 지수는 −100(모두가 비방한 사람)부터 +100(모두가 옹호하는 사람)까지. 분명히 당신은 긍정적인 영역에 있고 싶어 하고, +80 이상의 점수는 매우 좋은 것으로 간주된다.

앞으로 나올 내용을 미리 보면서 우리가 '센티언트' 알고리즘이 결정을 내리는 최종 상태에 도달할 때, 순 추천 고객 지수는 사람이 아닌 알고리즘을 수행하는 방법에 대한 만족도를 고객이 평가하게 될 수 있음을 명심하라. 자율 주행 택시와 차량 호출ride-hailing 서비스의 출현보다 더 명확하고 임박한 곳은 어디에도 없다.

예를 들어 지금 당장 리프트Lyft 또는 우버Uber를 사용하는 운전자와 전반적인 여행 경험에 관한 등급을 매길 때마다 기본적으로 순 추천 고객 지수를 제공한다. 그러나 알고리즘이 이것을 곧 바꿀 것이다. 리프트는 2018년 초에 수천 대의 자율 주행 전기차를 도로에 놓으려고 제너럴 모터스와 파트너십을 맺고, 우버가 펜실베니아주PA 피츠버그Pittsburgh, 애리조나주AZ 템피Tempe 같은 도시에서 자율 주행차 테스트를 계속하면서 순 추천 고객 지수가 사람이 아닌 차량 작동을 담당하는 알고리즘에 대한 운전자의 평가를 포함할 시간은 가까워진다.

내가 차멀미를 했는가? 갑작스러운 움직임에 겁이 났던 걸까? 내 '운전자 driver'가 혼란스러워 보이고 사방 교차로에 갇힌 것처럼 보였을까? 이러한 질문들은 운전대를 잡은 사람을 향해서가 아니라 자동차를 운전하기 위해 함께 작동하는 복잡한 디지털 시스템의 배열에 향해질 것이다. 부정적 순 추천 고객 지수에 대한 해결책도 마찬가지로 복잡하다. 이제는 서비스 제 공자로 간단히 운전사를 해고할 수 없을 것이고, 대신 수십 개의 복잡한 동시 시스템이 무엇인지 분석해야 한다.

즉각적이고 치열한 시장 경쟁 속에서 새로운 기술에 고객 감정을 새롭게 측정하는 기준을 적용해야 한다는 압박이 가중될 것임을 유념하라. 적어 도 세 개 주요 자동차 제조사(제너럴 모터스, 포드Ford 및 볼보Volvo)는 단 몇 년 만에 공공 도로에서 자율 주행 택시나 모든 호출용 차량을 타려고 했다. (7 장에서 자율 주행차에 대해 자세히 살펴볼 것이다. 자율 주행차는 분석에 연료를 공 급하는 '센티언스'를 위한 축소판microcosm 역할을 하므로, 궁극적으로 전체 엔터프라 이즈에서 달성하고자 한다.)

현재와 미래에 트랜잭션은 여전히 중요하다. 그러나 고객과 시간이 지남 에 따라 고객을 당신에게 데려오고 충성도를 유지할 행동에 대한 더 깊은 이해 없이 현실을 무시하고 단기 수익과 이익을 위해 장기 성장을 희생하 고 있다. 고객은 많이 사서 팔 수 있는 제품과 다르다. 고객은 소유하는 것 이 아니라 관계를 지속하는 것이다!

고객 경험의 가치와 경험의 표시이자 인공물 역할을 하는 행동 가치를 이 해할 때 분석이 완전히 다른 방식이 있는지 보기 시작한다. 행동 패턴과 행동 데이터의 물결을 토대로 의사 결정하는 법을 배워야 한다.

행동 데이터는 트랜잭션 간 또는 트랜잭션에 걸친 모든 이벤트와 데이터 포인트다. 갑자기 이번 주에 지난주보다 판매량이 줄어든다. 또한 다음과 같은 질문에 답하기 위해 행동과 결과를 살펴봐야 한다. 사람들이 무엇을 말하고 행동하고 있는가? 미래에 그들이 어떻게 행동할 것 같은지에 관한 우리의 다음 논리적 단계는 무엇인가? 내가 가진 모든 접점을 최대한 활용하려면 어떻게 해야 하는가? 고객이 만족했는지 어떻게 피드백 받을 수 있는가? 고객이 화를 낸다면? 나쁜 상황을 좋은 상황으로 얼마나 빨리 바꿀 수 있을까?

이러한 질문에 답하려면 데이터를 찾고 해석할 필요가 있다. 개인이나 시스템 전체의 행동을 연구하고 있든 아니든 새로운 통찰력을 끌어내는 행동 패턴을 찾아야만 한다. 예를 들어 고객 유치와 상향 판매up-sell 혹은 교차 판매cross-sell로 이어지는 주요 행동 단계를 살펴볼 수 있다. 또한 사물인터넷의 분석 기능을 이용할 수 있도록 전 세계의 센서데이터를 읽을 수도 있다.

행동 데이터는 트랜잭션 정보가 우리를 이끌지 못하는 영역에 깊이 파고들게 한다. 존은 포드 머스탱Ford Mustang을 샀고 트랜잭션을 볼 수 있다. **구매하지 않았던** 다른 사람들은 어떠한가? 머스탱을 사러 가는 길이지만 어느 시점에서 마음을 바꾼 사람들이 있었는가? 마음을 바꾼 시점은 어디였고 이유는 무엇인가? 앞으로 이와 같은 비구매 행동을 발견하는 방법을 배울 수 있을까? 구매 경로로 돌아가도록 언제, 어떻게 개입해야 할까?

긴 목록, 즉 행동 데이터의 면밀한 검토를 통해서만 해결할 수 있는 질문들은 관련된 산업, 제품, 서비스에 따라 기업마다 다를 것이다.

"가입자의 성장을 항상 보고 있습니다." 버라이즌 와이어리스Verizon Wireless의 비즈니스 인텔리전스business intelligence와 고급 분석 담당 전무 이사인 그레이스 황Grace Hwang이 말했다. "어디서 찾을 수 있을까요? 고객에게 가장 적합한 가격 수준과 번들bundles3은 무엇일까요? 가격 책정과 판촉을 변경할 때 경쟁 관계에 대한 우리 입장은 어떤 영향을 미치는지 파악해야 할까요? 인구 통계학적 변수와 지리적 변수, 기타 변수도 고려해야 할까요?

현실 세계 비즈니스 도전을 위해 행동 데이터 활용하기

이 책의 앞 부분 '들어가며'를 통해 우리는 처음 그레이스 황을 만났고 버라이즌의 기업 신조와 민첩하고 능동적인 태도를 유지하면서 규모의 경제를 활용하는 사명을 공유했다. 곧 알아보게 되겠지만 버라이즌의 임무는 기업이 항상 실제 결과를 위해 노력을 기울이기 때문에 적잖은 성공을 거뒀다. "결국 관련성 유지로 귀결됩니다." 그레이스는 말했다. "고객과 관계를 유지해야 합니다."

오늘날 빠르게 변화하는 세계에서 관계 유지는 기업에 있어서 하나의 업적이지만, 확실히 자리를 잡은 거대 조직에서는 특히 놀라운 일이다. 글로벌 제조업에 대한 델의 애자일리티 노력에 관한 3장의 논의를 기억하는가? 이는 자체 운영을 능률화할 뿐만 아니라 오늘날 경제에서 경쟁 우위를 선점하기 위한 기업 전체 노력 중 하나에 불과하다. 여기에 걸맞는 사례는 거대 기술 기업인 EMC를 사들이려는 델의 670억 달러짜리 계획이다. 〈뉴욕 타임스〉는 이를 두고 '새로운 기술이 다른 신망 높은 이름들을 뒤엎어 놓은 세상에서 동종의 구식 기술 기업을 통합하려는 도전'이라고 표현했다.

---

3   함께 팔리거나 딸려 나오는 물건의 묶음 - 옮긴이

버라이즌은 2016년 7월 야후Yahoo!의 핵심 인터넷 자산을 48억 달러 이상의 현금으로 인수한다고 발표하면서 비슷한 자신만의 헤드라인headline을 얻었다. 오래된 벨Bell 시스템으로 수십 년을 거슬러 올라가는 뿌리를 가진 거대하고 확실하게 자리 잡은 기업인 버라이즌이 있으며, 지금은 인터넷 개척자를 인수할 정도로 번창하고 있다. 더욱이 야후의 십 년도 되기 전 여섯 명의 CEO를 통해 운영되고 있다는 점을 볼 때 버라이즌은 문제가 있는 기업을 바로잡기 위한 이전의 노력이 미치지 못했던 곳에서 성공하도록 입지를 다지고 있다.

이것과 함께 버라이즌의 2015년 미국 무선 통신 사업자 1위 위치와 미국 업계에서 가장 낮은 고객 이탈률이라는 명성이 있는 아메리카 온라인AOL, America Online 인수와 같은 성취 뒤에는 무엇이 있는가? 행동 데이터로 강화된 강력하고 적극적인 분석이 적잖은 영향을 끼쳤다는 것이다. 주요 인수와 기타 성공의 이정표는 추세를 예측하고 시장 기회를 포착하며 다음 위기를 돌파하기 위한 데이터 주도적 의사 결정 사례들의 정점이 된다.

버라이즌의 그레이스 황은 질문을 받았을 때 그런 사례를 떠올리는 데 문제가 없었다. 2011년 애플의 iOS 5 업데이트에 아이메시지iMessage가 등장했는데, 무료 문자 서비스인 아이메시지는 다른 아이폰iPhone을 포함한 iOS 장치 간 문자를 보낼 때 갑자기 아이폰 사용자가 통신사를 피할 수 있게 해줬다.

"그것이 큰 변화였습니다." 그레이스가 말했다. "그때는 통신사들이 문자 메시지 방안으로 많은 돈을 벌었기 때문에 당시로선 엄청난 일이었어요." 실제로 문자 메시지는 2011년 통신사 매출에서 230억 달러에 달했다. 버라이즌 와이어리스는 홀로 문자 메시지에서 약 70억 달러를, 또는 기업 총 연간 매출의 약 12%를 만들어내고 있었다.

"매우 짧은 통지였고 '예측 곡선을 어떻게 구할 수 있을까?' 생각해내는 것은 우리에게 달려 있었습니다." 그레이스가 말했다. "우리는 '애플 장치 간 모든 문자 메시지가 사라지면 고객들은 무엇을 할 것인가? 문자 메시지 방안에서처럼 동일한 가치를 볼 수 없다면 어떻게 대응할까?'에 대해 고민해야만 했습니다." 버라이즌이 오늘날 시장 지배력을 누리고 있는지 분석을 이용해 사전에 답을 찾았던 것에 대해 많은 것을 이야기한다.

"아이메시지 출시 전에 모니터링 메커니즘을 구축했습니다." 최고 운영 책임자COO는 비즈니스를 해치지 않도록 선도적 지표와 가격 조정 시기에 대한 감각이 필요했다. "좋아요, 프라이버시를 침해하지 않지만 스위치 데이터switch data와 다른 방법을 사용해 어떤 메시지는 애플에서 애플로, 또 어떤 메시지는 다른 통신사에서 들어오는지 어디서 볼 수 있을까요?" 우리는 말했다.

"그때 우리의 가격 책정을 데이터 측정으로 전환하고 익숙해져 있었던 수익원인 음성과 문자를 놓아버릴 준비가 된 IT, 마케팅, 모든 분야에서 결정을 끌어낼 데이터와 정황으로 리더십을 발휘해야 했습니다. 궁극적으로 가격 책정을 무제한 대화와 문자 메시지로 전환할 때 가격 책정이 무엇이 돼야 하는지 박자를 맞출 수 있었습니다. 전체 산업이 그 방향으로 움직였지만 우리 일은 그것을 최고로 그리고 가장 빨리하는 방법을 알아내는 것이었습니다."

"이건 실제 예측 사용 사례였습니다." 그레이스가 요약했다. "상황을 앞서 주도하고 선행 지표 기준으로 올바른 정보와 행동을 찾아야 했습니다. 궁극적으로 지표와 영향은 엄청났습니다. 사전 대책을 강구하지 않았다면 연간 수천만 달러의 잠재적 손실이 발생할 수 있다고 말하는 겁니다."

이 책을 쓰면서 조직의 가장 어려운 문제 해결에 데이터의 사전 예방적 활용이 어떻게 최고 분석 전문가와 임원들에게 고유한 전략으로 작용하는지 알게 됐다.

"저는 엄청난 미식축구 팬입니다. 제가 최고 데이터 책임자 헌장을 미식축구로 생각하면 쿼터백quarterback이 패스하고 터치다운touchdown을 위해 엔드존end zone으로 공을 던질 수 있는 수비수에 의한 차단으로 경기장에서 보게 되는 '픽 식스pick six4' 기회와 매우 흡사합니다." 이 책을 인터뷰할 당시 웰스 파고Wells Fargo의 최고 데이터 책임자였지만 지금은 제너럴 모터스의 최고 데이터 책임자인 찰스 토마스Charles Thomas가 말했다. 인터뷰에서 찰스는 '픽 식스'가 분석 플레이북에 어떻게 적용되는지 설명했다.

"수비가 경기 진행을 중단하게 할 뿐이라면 괜찮습니다. 보너스는 포인트를 생성하고 팀을 발전시킬 기회를 찾게 해줍니다." 찰스는 말했다. "그것이 분석할 필요가 있는 것으로 도전적이거나 방어적인 상황을 취하고 상황을 성공 시나리오로 바꿀 방법을 찾을 수 있습니다."

"근본 원인을 분석하고 문제가 무엇인지 제대로 이해하려면 문자로 말하기, 온라인 피드백, 계정 행동, 직접 대화, 편지 수신 등을 포함해 폭넓고 다양한 행동 데이터를 사용하는 것이 중요합니다. 예를 들어 우편으로 신용카드를 받는 고객에게 지연이 발생하면 불만이 접수됩니다. 이 데이터는 불만 데이터 안에서 유사점이나 추세를 찾는 데 도움이 되며, 아마도 지역이나 대금 청구 과정 또는 우편 주소와 관련된 내용일 것입니다. 이것은 데이터가 어떤 문제에 대한 공통된 역학을 확인할 뿐만 아니라 앞으로 나아가는 역학을 예측하도록 우리를 돕는 방법입니다."

---

4 터치다운을 위해 다른 방법으로 재실행되는 수비에 의해 차단 - 옮긴이

"상황을 이해하고 예측하는 능력은 사전 대책을 강구해 발전할 수 있습니다. 그러면 고객들이 문제가 있다는 걸 깨닫기도 전에 내부적으로 자체 프로세스를 향상시키고 고객에게 적극적으로 다가갈 수 있습니다. 우리는 고객에게 상황을 경고하고 어떻게 해결하고 있는지 알려줄 수 있습니다. 조직 내 데이터를 중심으로 많은 조정과 협업이 필요합니다. 하지만 상황을 해결할 수 있다면 이러한 시나리오는 까다로운 시나리오를 자신의 운영과 고객과의 관계는 물론 고객과의 신뢰를 향상시킬 수 있는 하나의 사례로 일종의 '픽 식스' 기회가 됩니다."

행동 데이터는 모든 곳에 존재한다

명확하게 하려고 지금까지 소비재 제품과 서비스와 관련해 주로 이야기해 왔다. 그러나 트랜잭션부터 행동 데이터까지 이어진 변화는 산업 환경으로 확대되고 기계와 센서 데이터로 작업 방식에 대한 전반적인 격변이라는 것을 명심하라.

2장에서 논의했던 것처럼 센서 중심 사물 인터넷은 세계를 색인화하고 미래 상황을 예측하며 미래의 결과를 통제하는 기능을 혁신하고 있다. 그리고 대부분 신차에 있는 '블랙박스black box' 이벤트 데이터 레코더를 강조했다. 내부 센서는 자동차와 운전자의 행동을 추적해 차량 작동과 운전 습관을 포착하고 미래의 엔진 설계를 개선하거나 안전하지 않은 운전을 파악하기도 한다.

또 다른 예로 항공사 운영자와 제조업체는 이제 비행기의 많은 센서를 사용해 사용량을 기반으로 성능을 측정하고 사용자 정의를 할 수 있다. 국가 간 노선에 사용되는 항공기는 더 적은 이착륙으로 수 마일을 비행할 수 있다. 지역 노선에 배정된 동종 비행기라면 이와 반대일 수 있다. 이러한 상황에서 센서 데이터는 안전과 연료 효율성을 최적화하기 위해 업무별 조정을 수행하는 데 도움을 준다.

행동 데이터와 분석은 센서가 풍력 터빈 성능에 대해 알려주거나 오일 탐사 드릴에 끼우는 날$^{drill \ bit}$이 열^{heat}, 회전력^{torque}, 암석 구성의 변화 등 다양한 요인에 노출돼 손상될 때와 같이 완전히 산업적인 설정으로도 확장된다.

행동 패턴은 상호 작용을 더 잘 이해하게 해준다. 인간은 무수한 방법으로 쇼핑하고 연구하고 기업과 상호 작용한다. 기계는 주변 환경과 조건을 기반으로 다양한 결과를 수행하고 제공한다. 단지 데이터 포인트를 계산하거나 집계하지 않으며 복잡한 방법으로 연결하고 있다.

행동 데이터는 산업 환경과 선박 물류부터 개인 운전이나 쇼핑 습관에 이르기까지 비즈니스에 대한 귀중한 통찰력의 원천이 된다. 패턴과 상황을 보여주며 사람의 구매 습관에서 기계 성능에 이르기까지 모든 것을 예측하고 차질을 예방할 수 있는 지점까지 분석을 성숙시키는 데 도움이 된다.

행동 데이터를 위한 애자일 시스템

행동 데이터와 함께 오는 엄청난 기회를 설명했으므로 4장의 나머지 부분은 엔터프라이즈에서 이러한 데이터를 운영하는 방법, 즉 행동 데이터 플랫폼을 조직에서 현실화하는 방법을 설명할 것이다. 행동 데이터가 엄청난 양의 데이터와 다양한 정보를 포함한다고 설명했던 1장의 내용을 기억할 것이다. 이는 아키텍처와 분석에서 10배~100배까지 더 많은 용량과 관련된 복잡성이 증가하는 것을 처리할 수 있어야 함을 의미한다.

모든 데이터의 이유는 정보의 방대한 영역을 구성하고 있어 행동을 나타내는 활동 패턴이 존재하기 때문이다. 통계와 숫자 세기뿐만이 아니다. 우리는 모든 노이즈 속에서 신호를 찾고 있으며 여기에는 많은 데이터 포인트를 요구한다. 트랜잭션마다 수백 또는 수천 번의 클릭이 발생할 수 있는 넓은 범위에서 작업할 수 있는 아키텍처가 필요하다.

개별 센서 판독 값이 무의미한 것처럼 판매 중 개별 클릭도 의미가 없다. 우리에게 밀려오는 데이터 포인트의 홍수 속 가치는 내부 패턴에서 나온다. 수천 혹은 수백만에 이르는 데이터 포인트는 우리가 점들을 연결하고 올바른 패턴을 찾는 데 창의적이라는 전제 아래 현재 진행 중인 작업과 수행할 수 있는 작업에 대한 그림을 담고 있다. 이러한 패턴을 찾는 유일한 방법은 창의성과 실험을 통해서다.

창의성과 실험이라는 두 가지 요소를 생각하고 데이터 랩, 계층화된 데이터 아키텍처 그리고 애자일 데이터 플랫폼의 다른 요소들을 설정하려는 3장의 노력과 어떻게 관련이 있었는지 기억하라. 분석 기초를 세우는 데 많은 부분을 사용했고 데이터 드리프트, 중복 및 오류를 통한 부주의로 해를 끼치지 않고 애자일할 수 있었다. 이제 애자일리티가 무엇을 의도하는지 볼 수 있다. 행동 데이터를 처리하는 것이다.

애자일 시스템을 설치하면 할수록 더 많은 사람이 행동 모델과 역학을 생각하고 테스트할 수 있다. 사용자가 분산된 사용 사례에 대한 데이터 중앙 집중식으로 액세스할 수 있도록 가상 데이터 마트[VDM]를 어떻게 구축했는지 생각해보라. 사용자가 자신의 데이터와 함께 생산 데이터에 액세스할 수 있는 VDM을 설정하면 행동 정보에서 패턴을 찾는 것이다. 그들은 행동 데이터를 실험하고 있다.

행동 처리와 사고思考는 전통적인 분석과는 상당히 다르기에 모든 실험이 필요하다. 우리는 고려해야 할 데이터의 용량을 확대하는 동시에 중요한 것에 관한 모든 것에 큰 물음표를 띄워야 한다. 반대로 트랜잭션 데이터에는 적은 데이터 포인트가 포함되며 대부분 데이터가 판매나 거래와 직접 연결돼 있기에 중요성이 더 높다.

행동 프로세스는 많은 데이터 포인트와 데이터를 가치 있게 하는 방법을 보여준다. 예를 들어 밀접하게 연결된 데이터는 구조가 엄격하고 규칙에 구속되는 데이터다. 전자상거래 웹사이트에 대한 클릭스트림 데이터를 분석한다면 고가치 고객을 구성하는 것에 대한 정의, 즉 기업 전체에 걸친 최적 표준 지표$^{gold\ standard\ metric}$를 포함할 것이다. 이 정의를 변경하려는 사람은 엄격한 절차를 따라야 하며 그러한 변화는 몇 가지 선택으로 통제될 것이다.

한편 느슨하게 연결된 데이터는 구조와 우발성이 적은 데이터다. 클릭스트림 예에서 느슨하게 연결된 데이터는 특정 세션과 고객 ID, 혹은 구글 검색 광고 캠페인이나 기업 홈페이지의 버튼과 고객 ID 태그의 짝을 포함할 수 있다. 느슨하게 연결된 데이터에는 사용자가 가진 세션 종류, 위치, 클릭 위치 등을 나타내는 수만 개의 태그가 포함될 수 있다.

마지막으로 연결되지 않은 데이터는 가장 순수한 미가공^{raw} 형태의 데이터다. 그것의 유용성은 언뜻 보기에 불분명할 수도 있지만 나중에 도움이 될 수 있다. 날씨 및 교통 데이터와 마찬가지로 소셜 미디어 채팅이 한 사례가 될 수 있다.

당신이 보유한 인프라는 수요량의 규모에 발맞춰야 하고 사용 사례에 따라 요구가 상당할 수 있음을 기억하라. 자금 세탁의 예는 파르타 센$^{Partha\ Sen}$에게 쉽게 떠오른다. 퍼지 로직스$^{Fuzzy\ Logix}$의 창립자이자 CEO로 특히 금융과 은행의 고급 분석을 위한 GPU 기반과 데이터베이스 내 솔루션을 전문으로 한다.

"자금 세탁 방지anti-money-laundering 통계를 보면 많은 조직은 여전히 가해자의 20~30%만 잡고 있으며 주요 관심사는 용량입니다." 센이 말했다. "부정한 부를 합법화하기 위해 자금 세탁은 부동산을 사고파는 것과 같이 완료하는 데 시간이 걸리는 여러 트랜잭션을 포함할 수 있습니다. 몇 달 동안만 데이터를 처리할 수 있어 생활 주기를 놓치면 패턴이 눈에 띄지 않을 수 있습니다."

"금융 사기는 분명히 천문학적인 빅 데이터 규모의 노이즈 속에서 패턴과 신호를 찾는 도전 중 하나입니다." 테라데이타의 기술과 혁신 담당 부사장인 야체크 베클라Jacek Becla가 말했다. 야체크에게 이 비유가 문자 그대로인 것이 2017년 테라데이타에 합류하기 전에 캘리포니아주 멘로 파크Menlo Park에 있는 스탠퍼드 대학교Stanford University의 SLAC 국립 가속기 연구소SLAC National Accelerator Laboratory의 프로젝트 관리자이자 확장 가능한 데이터 시스템 책임자로 근무해서다. SLAC는 미국 에너지국DOE, Department of Energy과 미국 국립 과학 재단NSF, National Science Foundation에 자금을 지원받아 물리와 입자 천체 물리학 관련 분야에서 최첨단 연구를 수행했다. 또한 대규모 데이터 세트와 관련된 도전에 대한 연례 컨퍼런스를 주최하는 XLDBExtremely Large Database and Data Management 커뮤니티의 창립자이기도 하다.

"천문학에서 규모는 분석하기 위해 데이터를 잘게 쪼갠 데이터 세트를 요구합니다. 일반 통계 알고리즘은 이 정도 규모에서 서서히 멈추기 때문에 일이 복잡해집니다. 금융 사기와 다른 행동 데이터도 규모에 있어 마찬가지입니다." 야체크가 인터뷰에서 말했다. "사기를 탐지하는 확실한 알고리즘은 없으며 데이터는 깨끗하지 않고 매번 다릅니다. 그래서 사용자를 정의하고 검증하는 모델을 지속해 구축하는 것이 까다롭습니다. 분산 시스템과 디스크 I/O 그리고 모델에 대한 많은 사용자 정의와 조정이 필요한 관련 문제를 해결하는 알고리즘을 다르게 생각하고 작성해야 합니다."

계층화 데이터 아키텍처로 잠입

이러한 복잡성을 이해하면 강력한 시스템과 다양한 전문가가 행동 데이터를 대규모로 협업하는 데 왜 필요한지 파악하기 시작한다. 단일 직원이나 팀이 특정 형태의 데이터가 중요할 수 있는 모든 방법을 파악할 수 없으므로 협업이 필요하다.

고맙게도 각기 다른 사람들이 익숙해진 정황에서 실험할 수 있도록 여러 수준의 복잡성으로 정보를 렌더링할 수 있는 계층화 데이터 아키텍처가 있다. 때때로 우리는 비즈니스 사용자가 이미 확립된 새로운 패턴과 행동의 사례를 찾고 있는 친숙한 영역에 있다. 또 어떤 때에는 패턴이 완전히 숨겨진 대량의 미가공 데이터가 있는 원점에 있게 된다.

조각가가 망치와 끌을 대기 전의 대리석 덩어리를 생각해보라. 이때 조각가는 데이터 과학자이며 실제로 계층화 데이터 아키텍처의 가장 낮은 수준과 가장 세분화된 수준에서 작업하는 데이터 아티스트일 것이다.

계층화 데이터 아키텍치는 가장 세분화된 형태로 데이터를 가져오는 분해 프레임워크임을 기억하라. 다양한 목적으로 다양한 수준의 복잡성에서 데이터를 검사하고 재구성할 수 있다. 비즈니스 사용자는 VDM을 더 많이 실험하지만 LDA의 가장 낮은 계층인 레벨 0과 1에서 데이터 과학자가 만든 연구와 통찰력을 바탕으로 실험하고 있다.

데이터가 원래 충실도로 배치되는 원자와 세부 수준은 행동 데이터 통찰력의 씨앗이다. 우리는 먼저 노이즈 신호를 알아내기 시작한다. 고도로 전문화된 데이터 과학자가 미가공 데이터를 살펴보고 기존 데이터와 관련짓는 것은 매우 흥미롭고 도전적인 영역이다. 여기에서 패턴을 찾고 첫 번째 알고리즘을 작성해 이러한 패턴을 더 많이 찾을 수 있다.

세분화가 핵심이다! 용량이 제한적이고 행동 패턴이 그다지 중요하지 않았던 이전 세대는 분석가들에게 데이터 세트를 전송하는 IT 전문가가 롤업roll up해 분당 센서 판독 값(예를 들어 시간당 평균으로 변환시킨 것)으로 데이터를 모아 모든 사람에게 호의를 베푼다고 생각했을 수도 있다. 그러나 오늘날에는 호의가 아닌 악의로 받아들인다. 빅 데이터 플랫폼은 용량을 처리할 수 있고 롤업할 때마다 일어나는 일에 가시성을 잃게 된다.

세분화는 그 가치가 나중까지 분명해 보이지 않더라도 가치를 거둔다. 예를 들어 콜센터 상호 작용에서 고객의 감정은 통화 기간이라는 매우 기본적인 요소와 관련이 있다고 배웠다. 불평하는 사람들은 그것을 말하기까지 더 오랜 시간이 걸렸다("제품 색상이 잘못된 데다가 도착까지 시간이 오래 걸렸어요. 설치할 때는 아들의 도움이 필요했어요"). 만족하는 사람들은 간결하게 말하는 경향이 있다("훌륭해요. 정말 만족합니다!").

그러나 위 예시에서 통화 지속 시간의 중요성은 처음에 노이즈 속에 숨겨졌을 수도 있다. 미가공 데이터에서 패턴과 구조를 처음 파악하려는 경우처럼 가장 보편적이고 기본적인 정보 조각들(아마도 날짜·시간 스탬프 또는 고객 식별자 등)을 조사하고 경합할 수가 있다. 데이터 품질과 일관성 문제(날짜·시간 스탬프가 여러 가지 다른 방식으로 기록돼 있음을 발견할 수 있다)가 있기도 하다.

이 수준에서는 많은 준구조화 데이터semistructured data 모델링이 수행된다. 대체로 데이터는 비즈니스 시스템으로부터 제공되며 데이터의 종류를 알고 있다. 그러나 우리는 여전히 그 맥락과 유용성을 알아내야 한다. 시간이 지남에 따라 목표는 다양한 형태로 된 데이터의 의도와 형식을 초월하는 방법을 찾아내는 것이 된다. 그것이 불만으로 발생하든 떠나려는 위협으로 칭찬으로 갱신으로 아니면 다른 어떤 것이든 간에 시계열時系列, 고객 식별자 혹은 관심 있는 이벤트 같은 것들이 특히 유용하다. 이와 같은 데이터가 초기 단계에서 얼마나 힘든지 알 수 있다. 가능하면 공통점과 패턴을 찾아서 해결하는 미스터리 법의학 같다.

가치와 통찰력 수확하기

더 많은 패턴을 파악할수록 신뢰 수준이 높아진다. 비즈니스 동료가 데이터를 이해하고 검증할 수 있는 지점에 도달하면 상황이 익숙해지기 시작한다("아, 그건 신용카드 청구서 금액을 체납한 고객을 위한 사용 사례에요. 체납금을 낼 방법을 알아내야 해요"). 그때에도 분석가는 여전히 특정 가정을 해야 할 수도 있다. 일종의 대본이 있는 연극에서 즉흥적으로 연기해야 하는 부분과 같다.

좋은 소식은 자연석legwork에 대한 대가가 엄청날 수 있다는 것이다. 패턴을 찾고 여러 종류의 데이터 채널로 이해하기를 계속하는 동안 조화롭게 시작할 수 있다. 예를 들어 고객 상호 작용의 여러 채널이나 터치 포인트는 통합 연락처 기록ICH, integrated contact history 파일 같이 하나의 메가 채널mega channel로 조화를 이룰 수 있다. 그런 다음 긍정적이거나 부정적인 고객 결과와 관련된 복잡한 패턴을 검색할 수 있다.

무선 서비스 공급자를 위해 이런 종류의 고객 관계 관리 작업을 수행한다고 가정해보라. 사람들은 서비스에 불만이 많아 공급자를 교체하려고도 한다. 콜센터 메모, 매장 방문, 웹 경험에서 온 클릭스트림 로그 등 세 가지 채널을 조화시켰다. 누가 먼저 온라인에 접속했는가? 누가 먼저 가게에 갔는가? 누가 먼저 연락 센터에 전화했는가? 상호 작용 시퀀스sequence를 조사하고 상호 작용이 긍정적이거나 부정적인 결과와 어떤 관련이 있는지 확인할 기회다. 이제 고객 유지에 대한 노력의 우선순위와 방법을 더 잘 파악할 수 있다.

통찰력이 얼마나 뛰어난가? "우리가 할 수 있다는 것이 우리가 해야만 한다는 의미는 아니다"라는 인용문을 들어봤을 것이다. 행동 데이터가 고객을 완전히 이해할 수 있다는 사실을 알면 분명히 고려해야 할 사항이다. 대부분 문제는 데이터 프라이버시와 관련이 있다. 우리의 경험에서 고객은 자신이 선호하는 습관을 알게 되더라도 개의치 않는다. 그러나 자기 삶의 미묘한 차이를 다른 기업과 무차별적으로 공유하기 시작하면 상황은 오싹해진다.

고객 행동 지식 습득과 데이터 프라이버시는 균형감 있게 손을 맞잡고 가야 하며 기업들이 적절한 수준으로 커스터마이징해야 한다. 고객은 당신과 계약을 맺거나 서약한 것과 마찬가지다. "저에 대해 알려드리겠습니다. 이로써 당신은 저의 고객 경험을 쉽고 원활하게 만들 수 있습니다. 하지만 이 지식을 다른 누구에게도 팔거나 유출하지 않았으면 합니다."

사전 대비의 데이터 표준과 미지(未知)에 대한 설계

4장에서 조각과 실황 연극 제작 같은 예술적 영역을 두 번 이상 언급했다는 것을 알아차렸을 것이다. 이러한 언급은 의도적이다. 모든 노이즈 속에서 패턴을 찾는 데이터 과학자는 혁신적인 가정을 하고 새로운 이론과 통찰력을 도출하는 데 있어 적잖은 예술적 지식과 수학적이고 공학적인 전문 지식을 혼합하고 있다.

이러한 창의적인 추측은 시간이 오래 걸리지만 데이터 수집과 사용 방식을 표준화하는 작업을 개선하면 어느 정도 피할 수 있다. 미래 모습을 명확히 알지 못하더라도 어떻게 분석될 것인지를 염두에 두고 데이터를 기록하고 관리해야 한다.

다시 말해 미지의 것을 설계해야 한다. 4장 앞부분에서 설명한 롤업과 최적화는 오늘날 알려진 애플리케이션에는 적합하지만, 오늘날 분석 아키텍처와 설계 선택은 내일의 새롭고 현재 알려지지 않은 사용 사례를 방해해서는 안 된다.

예를 들어 기술자들은 종종 클릭스트림 데이터를 파일 시스템에 있는 세션 컨테이너에 배치해 봇[bot 5] 탐지나 방문당 분석 같은 작업을 쉽게 수행한다. 그러나 금융 체크아웃이나 콜센터 상호 작용, 기계 센서 이벤트 같은 개별 웹사이트 방문으로 시작하지 않을 수 있는 상황인 전혀 다른 사용 사례를 희생시킨다.

오늘날 한 가지 유형의 액세스를 허용하기 위해 데이터를 특정 순서나 그룹화 또는 구조로 배치할 때마다 패턴과 질문이 바뀌면서 내일이 복잡해질 수 있을 것이다. 데이터를 계속해서 재설계하거나 재구성할 여유가 없기에 좋은 소식은 아니다. 그렇지만 이것이 현재 기업에서 계속 발생할 가능성이 가장 크다.

분석을 위한 데이터 준비 시 가능한 한 모든 곳에서 표준화하기, 롤업 피하기, 세부 사항 보존하기 같은 문제를 바로잡는다면 마찰을 줄이고 거버넌스를 향상하며 조직이 데이터를 더 신속하게 정리할 수 있다. 오늘날 표준화 방법을 잘 수행하는 기업은 거의 없다. 그래서 표준화에 부지런한 사람은 누구나 진정한 경쟁 우위를 점할 수 있다.

델은 그러한 기업 중 하나다. 3장에서 델의 제니퍼 펠치 부사장에게서 글로벌 제조 프로세스와 인프라를 향한 진화에 관해 들었다. 기특하게도 델 분석팀은 표준화 가치를 분명하게 일찍 이해했다. 제니퍼는 "기업을 전 세계적으로 공유할 수 있는 기능으로 조직할 때 핵심 데이터에 대한 프로세

---

5 특정 작업을 반복 수행하는 프로그램 – 옮긴이

스와 정의가 서로 다르다는 사실을 알게 됐습니다"라고 말했다.

"우리는 지역 총책임자, 지역 제조업과 지역 IT 시스템을 보유하고 있었습니다." 제니퍼가 말했다. "세계적인 제조 현장을 설립할 시점이 됐을 때 다음과 같이 질문해야 했습니다. '3~4개의 서로 다른 입력과 프로세스를 지원할 것인가? 아니면 진행하기 전에 표준화를 할 것인가? 통합 비용의 세 배를 지출할 것인가? 아니면 처음부터 바로 수행할 것인가?' 우리는 처음부터 표준화를 하기로 했습니다."

패턴과 정황에 대해 데이터를 먼저 검토하는 전문가의 어깨너머로 살펴봤다. 그러나 모든 사람이 데이터 과학자는 아니므로 조직 전체에 걸쳐 분석에 광범위하게 엑세스할 수 있도록 해야 한다. 센티언트 엔터프라이즈는 결국 기업의 모든 사람이 함께 협력해 기업 정보의 우선순위를 정하고 분석을 실행하는 세상을 만드는 것이다. 그것이 바로 센티언트 엔터프라이즈 여정의 3단계인 '협업 아이디에이션 플랫폼'이다.

CHAPTER 5

협업 아이디에이션 플랫폼

센티언트 엔터프라이즈 여정에서 비즈니스 성장에 따른 규모에 맞춰 분석을 성숙시키는 방향으로 잘 나아가고 있다. 1단계에서는 애자일 데이터 플랫폼을 만들어 데이터 관리 기반을 구축했다. 2단계에서는 인간과 센서 중심 행동 데이터의 광범위한 세계에서 가능성의 차원을 추가한 행동 데이터 플랫폼을 도입했다. 그러나 애자일 시스템과 이러한 풍요로운 분석 환경을 지원할 수 있는 역량을 갖췄음에도 불구하고 여전히 진취적인 발전을 방해할 수 있는 복잡성을 안고 있다.

주요 임무는 분석에 다양하고 폭넓은 사용자를 참여시키는 것뿐만 아니라 함께 일하고 혁신할 수 있도록 보장하는 것이다. 가치를 위해 조정되거나 검증되지 않은 데이터와 통찰력이 너무 많으면 협업에 걸림돌이 될 수 있다. 비즈니스 확장 시 생존할 수 있는 유일한 방법은 많은 사람이 협업하고 아이디어를 공유할 수 있는 분석 환경을 조성하는 것이다. 이러한 이유로 센티언트 엔터프라이즈 여정의 3단계를 '협업 아이디에이션 플랫폼'으로 명명한 것은 누구나 아는 사실이다.

5장에서는 단순하면서도 직관적인 방식으로, 심지어 조직 전체 규모에 맞게 민첩하고 직관적이며 크라우드소싱된 협력을 위한 협업 아이디에이션 플랫폼을 설치하는 방법을 다룬다. 어떤 아이디어와 프로젝트, 사람들이 팔로우하고 좋아하고 공유하는 것이 무엇인지를 조직이 이해할 수 있도록 2장에서 간략하게 소개했던 링크드인과 페이스북 스타일의 소셜 미디어 컨벤션social media convention을 활용하는 방법을 배우게 된다. 이 과정에서 인간과 데이터를 연결하는 새롭고 빠른 방법이 어떻게 붕괴해 규모의 유지가 거의 불가능해지는 중앙 집중식 메타데이터metadata 관리를 포함한 전통적인 분석 접근법을 능가하는지 확인하게 될 것이다.

'반사회적' 분석 피하기

진실은 사용자들이 조화되지 않은 방식으로 예감을 따르면서 여전히 혼자 가고 있다면, 그리고 메타데이터로의 단편적인 접근에 대해 알고 있는 몇 명에게 의존하면서 메타데이터를 전적으로 무시하고 있지 않다면, 전 세계 모든 분석 축과 애자일 시스템이 별로 도움이 되지 않는다는 것이다. 기업 전체를 통해 배운 교훈과 가치를 인식하고 콘텍스트를 공유하며 모범 사례를 사회화하는 방법은 무엇인가? 모든 사람에게 분석의 자유를 줄 때 올바른 추적을 유지하려면 데이터 과학자와 사용자 간 품질 관리와 지식 전달을 어떻게 보장하는가?

센티언트 엔터프라이즈 5단계

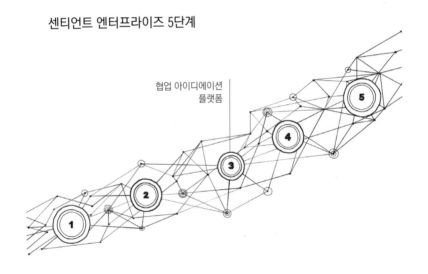

협업 아이디에이션
플랫폼

요컨대 방금 구축한 값비싸고 강력한 새로운 분석 플랫폼 위에 동일한 오래된 기업 사일로를 보존하는 실수를 어떻게 피할 수 있을까? 3장에서 이야기했던 데이터에 관한 사용자의 실험용 샌드박스인 가상 데이터 마트 VDM에 사람들이 익숙해지는 시점에 도달한다고 해도 더 큰 분석 노력에서 다양한 개별 사용 사례를 어떻게 연결할 수 있을까?

2장에서 언급한 분석 환경에 대한 역동적이고 흥미로운 링크드인이 지금 당장 좋은 해결책처럼 들린다면 딱 맞아떨어지는 것이다! 분석을 위한 링크드인이 협업 아이디에이션 플랫폼의 핵심 기능이기 때문이다.

분석 접근을 위한 링크드인은 여러 문제를 한 번에 해결하도록 설계됐다. IT 직원과 상호 작용할 때 비즈니스 사용자들이 회피 모드에 빠지지 않도록 해야 한다. 이러한 도전은 기술뿐만 아니라 심리학과 조직 문화도 포함한다. 소셜 미디어 컨벤션은 실제 데이터로 하는 일과 그에 관한 이야기 방식을 도표로 보여준다. 사용자들은 몰입감을 느끼고 팔로우하거나 공유하거나 링크된 아이디어, 프로젝트, 사람과 관련된 패턴을 통해 통찰력을 얻는다.

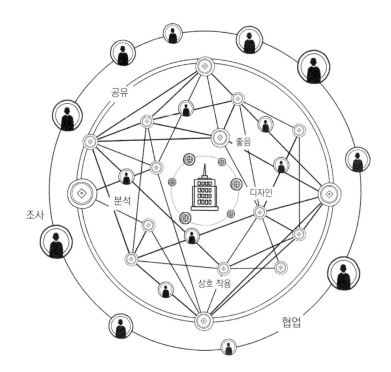

이러한 소셜 네트워킹 전략에 있어 분석을 좀 더 이해하기 쉽고 재밌게 만들려면 정답에 대한 콘테스트를 개최하거나 성공에 특별한 승인을 하는 게임화gamification 같은 인센티브를 추가한다. 이는 참여 범위를 넓히는 데 도움이 되며 정보를 현실로 만들고 가치와 경쟁 우위를 위해 정보를 완전히 활용하는 일종의 실험과 상황 이해를 만들어낸다.

규모에 따른 메타데이터 문제

올바르게 수행하면, 분석 통찰력에 대한 크라우드소싱과 사회화된 접근법은 기업들이 커지면서 직면하는 규모의 가장 큰 문제 중 하나를 해결하기 위해 발생한다. 디지털 시대를 위한 카드 카탈로그card catalog로 기능하는 데이터에 관한 중요 데이터인 메타데이터의 관리를 이야기하고 있으며, 정보의 내용과 콘텍스트를 설명해 원본 데이터와 파일의 가치와 유용성을 높이고 있다.

문제는 중앙 집중식 메타데이터가 항상 규모에 따라 세세하게 나뉜다는 것이다. 중앙 집중식 메타데이터는 전통적으로 인간 분석가에게 의존하고 인간은 규모를 조정하지 않기 때문이다. 데이터의 양뿐만 아니라 다양성과 속도를 포함해 더 복잡한 작업을 수행할 때마다 분석가는 알고리즘, 시각화, 대시보드, 테이블의 범람에 대한 제어력을 잃는 경향이 있다.

클릭스트림 데이터의 예를 고려해보라. 일반적인 전자상거래 사이트를 보면 드롭다운 메뉴drop-down menus, 표, 제품 추천, 사용자 리뷰, 판촉 거래, 고객 또는 구매 세부 정보, 기타 정보 등 많은 것이 표시된다. 사람들이 하는 일을 캡처하기 위해 모든 시각적, 탐색적 요소에 태그를 추가한다(예를 들어 2010년으로 거슬러 올라가면 이베이는 이미 웹사이트에 6만 개 이상의 고유 태그를 갖고 있었다).

정보를 수집할 수 있는 기술이 있더라도 인간에게 중요한 것을 계속 추적할 방법은 없다. 클릭스트림의 예를 고수하기 위해 사람들이 추적하기에 100개 이상의 태그는 너무 많다는 경험이 있다. 메타데이터는 지나치게 비싸고 전통적인 IT 중심 방식으로 관리하느라 고생하는 것이 많은 비즈니스에서 반복되는 악몽이 됐다.

실제로 오늘날 대부분의 메타데이터 수집과 관리 프로젝트는 부담스럽고 느리고 문서 집약적인 과정으로서 IT에 의해 주도되고 다른 모든 사람에 의해 낙인찍힌 상당히 추하고 시간 소모적인 시련이다. 어쨌든 이 슬픈 상황을 기본적으로 견뎌왔다. 사실 분석적 접근을 위한 링크드인을 개발하기 전에 비즈니스 사용자가 관심사와 요구를 공유하는 커뮤니티로 추진된 대규모 메타메터 프로젝트를 한 번도 들어본 적이 없었다.

오늘날 기업의 IT 직원은 메타데이터의 가치를 동료에게 지속적으로 판매해야 한다. 그러나 IT가 이러한 노력을 주도하고 있기에 해당 방법은 사용자 친화적이거나 최신 기술이 아니며 비즈니스 사용자가 요점을 파악하기조차 어렵게 만든다.

협업을 끌어내는 데는 보상이 항상 채찍질보다 유용하다. 5장 후반부에서 보게 될 채택에 관한 논의에서 깨닫겠지만 트래픽을 끌어오는 편리함과 현대적 디자인 패턴과 웹사이트를 활용할수록 규칙과 사용을 강요하는 기업의 권한에 의존할 필요가 줄어든다. 게다가 이 접근법을 촉진하고 지원하는 상담가와 관리자 역할을 할 인력을 지정해야 한다. 내부 마케팅, 홍보와 연결된 내부 전도자들은 이러한 새로운 협업 공동체collaborative communities를 육성하기 위해 대단히 중요하다.

우리는 왜 이런 세부 사항에 주의를 기울여야 할까? 사람들은 단순히 항상 있는 동일한 임시적인 방법과 지배권work-arounds and fiefdoms에 의지하기 때문이다. 그들은 답을 얻기 위해 전화기를 들거나 복도를 걷거나 혹은 동료에게 이메일을 보낸다. IT에 의해 주도된 느리고 번거롭고 값비싼 메타데이터 프로세스를 피하려고 참조 카드에 가까운 많은 엑셀 스프레드시트를 보관한다.

규모에 따른 협업과 정황

상당히 작은 작업을 수행할 때 중앙 집중식 분석팀이 메타데이터를 맡게 하는 것과 같은 전통적 접근 방식으로 생존할 수 있으므로, 기업의 나머지 사람들은 어떤 정보가 중요하고 어디서 찾을 수 있는지 알고 있다. 그러나 오늘날 빅 데이터를 다루는 거대 조직에서는 전통적 접근 방식이 빠르게 중단될 수 있다. 우리가 말했듯이 인간은 데이터 방식을 확장하지 않으며 수백 또는 수천 명의 분석가는 여전히 엄청난 양의 정보와 그 정보로 오는 번개처럼 빠른 데이터 스트림을 기록하는 일을 따라잡을 수 없을 것이다.

그렇기에 특히 데이터로 작업하는 조직 내 수백 또는 수천 명의 지혜를 찾아야 한다. 핵심적으로 협업 아이디에이션 플랫폼은 분석을 위한 링크드인뿐만 아니라 분석에 관한 분석[AonA]팀과 함께 모든 데이터의 상호 작용과 통찰력을 도표로 작성해 기업에 가장 적절하고 유용한 데이터를 파악한다. (5장 뒷부분에서 협업 아이디에이션 플랫폼의 AonA 구성 요소에 대해 세부적으로 이야기할 것이다.)

하드코어[hard-core] 분석가들의 점검과 균형으로 사람들이 자유롭게 데이터에 대해 협업하게 만드는 이 프로세스는 IT가 이끌고 기업 내 다른 모든 사람은 도망가는, 즉 비용이 많이 들고 시간 소모적인 문서화 여정이라는 귀찮은 일 없이 데이터의 가치와 콘텍스트를 자연스럽게 명확히 하는 시스템을 만든다.

5장에서 구축하는 협업 아이디에이션 플랫폼은 분석 모델을 활용해 데이터 과학자와 다른 분석가들의 커뮤니티가 데이터로 수행하는 작업을 조사하지만 특정 쿼리^{queries}나 대시보드 활동에 관심이 있는 것은 아니다. 우리는 사람들이 '좋아하는' 분석 결과나 '팔로우하는' 특정 분석가 혹은 인기 있고 유행하는 데이터 세트를 모니터할 수 있도록 소셜 미디어 규칙으로 완성된 의견과 토론을 캡처하고 분석하는 포럼을 제공하고자 한다.

2장에서 논의했던 이베이를 포함한 일부 기업의 데이터허브는 이미 이 방향으로 나아가고 있다. 시간이 지나면서 데이터허브는 조직 전체에 걸쳐 개인과 팀이 분석하는 것을 공유하고 추천하고 강조하기 위해 단순한 소셜 웹사이트에서 현재 알려진 모든 분석 시스템의 쿼리 로그^{query log}를 수집할 수 있는 분석 기반의 소셜 플랫폼이 되는 것으로 발전했다.

또한 2장에서 처음 만났던 지멘스의 모빌리티 데이터 서비스 부사장인 게르하르트 크레스는 그의 기업이 지멘스 모빌리티의 레일 시스템을 공동 작업하는 내·외부 파트너를 위해 자체 버전의 협업 아이디에이션 플랫폼을 채택했다고 밝혔다.

"우리는 현장에서 일하는 사람들을 위한 동일한 데이터 기반을 갖췄으며 기관차를 만든 엔지니어까지 고객 문제를 공동으로 살펴보고 모든 사람이 동일한 사실을 공유하고 현장에서 동일한 정보에 액세스할 수 있게 공유해 어떻게 그들을 해결할 수 있는지 알고 있습니다. 우리는 몇몇 고객과 유사한 플랫폼을 보유하고 있습니다. 열차의 센서와 진단 절차에서 데이터를 제공합니다. 이는 그들의 자산이자 데이터이므로 플랫폼을 통해 협업할 수 있습니다. 우리 쪽에서 엔지니어링 이해를 추가해 통찰력을 명확히 하고 이런 통찰이 의미하는 것을 고객이 이해하도록 도울 수 있습니다. 그들 쪽에서 고객은 최종적으로 운영 방식, 시간표 계획과 성공에 필요한 정보를 제공합니다. 우리는 자신이 할 수 있는 것보다 훨씬 더 큰 것을 공동으로 만들고 있습니다."

정확한 접근 방식에 상관없이 목표는 사람들이 데이터에 계속 참여하고 투자해 통찰력을 효율적으로 획득함으로써 데이터에 대한 이해도가 데이터의 규모와 비즈니스의 성장을 쫓도록 하고 있다.

분석 통찰력 머천다이징

지금까지 우리가 이야기한 것으로 어떻게 사용자 커뮤니티를 정확히 안내하고 통찰력을 얻을 수 있을까? 핵심은 비즈니스 사용자 사이에서 데이터를 사회화하는 것만 아니라 상품화하는 것이다!

아마존이나 이베이에서 쇼핑하는 방법을 생각해보라. 우리는 검색하고 홍보하고 추천하고 따라간다. 시간이 지나면서 온라인 경험에서 실행되는 분석은 우리에게 중요하거나 관련성이 있는 것을 학습한다. 이러한 통찰은 검색을 맞춤화하고 우리가 보는 추천과 제품 제안의 관련성을 높이는 데 사용된다.

협업 아이디에이션 플랫폼에서 본질적으로 데이터와 분석으로 동일한 작업을 수행한다. 기업 내 분석 네트워크에 동일한 형태의 판매 계획을 적용해 직원이 이전 쿼리와 활동에 관심을 둘 만한 질문, 사람, 답변 등을 홍보하고 추천한다.

한 가지 예로 비즈니스 분석가 중 한 명이 프로젝트를 수행 중이라고 상상해보라. 그는 "남성으로서 다시 찾는 고객들은 누구인가?"와 같은 쿼리를 입력한다. 그러면 시스템은 쿼리를 SQL 언어로 변환해 필요한 데이터를 가져온다. 또한 다른 사용자가 이전에 요청한 유사 쿼리를 바탕으로 자동

완성된 제안을 한다.

다음으로 링크드인과 페이스북이 친구를 추천하거나 아마존이 이전에 구매했거나 검색한 내용을 기반으로 제품을 추천하는 것처럼 해당 시스템은 유사 프로젝트를 수행하는 기업 내 다른 사람을 추천한다. 어쩌면 데이터베이스에 대해 어떤 질문을 해야 할지 확신하지 못하고 사람의 지식을 먼저 활용해야 할 수도 있다. 협업 아이디에이션 플랫폼은 쿼라[1]나 스택익스체인지[2]와 유사하게 도움을 요청하는 방법이 포함돼 있다. 이를 통해 조직 내 직원이 조언을 구하고 서로 배우는 커뮤니티가 만들어진다.

질문에 대한 찬반 투표를 할 수 있어 비즈니스가 직면한 주요 관심사와 문제가 쉽게 드러난다. 더욱 심도 있는 조사를 위해 직원들은 아이디어를 설명하기 위한 도표와 시각화로 더 긴 게시물과 기사를 만들 수 있다. 분석가는 결론에 도달하고 혁신적인 아이디어를 공유하기 위해 취한 단계를 설명할 수 있는 데이터에 관한 스토리텔링 포럼을 제공한다.

3장에서 1단계인 애자일 데이터 플랫폼을 통해 모든 것을 기록하고 실험과정에서 누군가가 단서를 찾고 가치를 창출할 수 있는 단계를 모두 수행할 방법을 기억하라. 3단계에서 이 기능은 권장 데이터 세트 또는 분석을 과거에 유사한 문제를 겪었던 사람들에 의해 시각화되게 할 수도 있다.

협업 아이디에이션 플랫폼은 모든 사용자를 동일한 경기장에 두고 전문분야와 관계없이 테이블에 초대한다. 시스템은 분석가들이 서로를 배우고 복잡한 비즈니스 도전에 더 깊이 파고들고 이전 솔루션을 개선하도록 돕

---

1 사용자 커뮤니티 기반의 질의에 대해 전문가가 응답하는 웹사이트(www.quora.com) – 옮긴이
2 다양한 분야의 질의응답 네트워크 웹사이트로 사용자들이 사이트 평판을 기반해 운영하는 웹사이트
   (https://stackexchange.com) – 옮긴이

기에 여러 경험과 관점을 함께 제공한다. 또한 처음 몇 주 동안 신입 사원을 교육하고 직원들이 알아야 할 가장 중요한 최신 정보를 더 빠르게 파악하게 해준다.

분석에 관한 분석을 통해 가치 있는 길에 머물기

오답은 어떠한가? 집단 사고와 모든 사람이 유용한 것보다 더 인기 있을 수 있는 알고리즘이나 접근법에 대한 시류에 편승하는 것은 어떠한가? 분명히 해두자. 협업 아이디에이션 플랫폼은 잘못 생각한 아이디어에 협업하는 것이 전적으로 가능한 문제를 해결하지 못한다. 그러나 우리가 구축하는 플랫폼은 문제가 발생할 때 쉽게 문제를 식별하고 수정할 수 있도록 몇 가지 방법을 제공한다.

먼저 분석 환경을 위한 링크드인 환경에서 분석 전문가 집단 전체와 연결하는 데 기본적으로 제공되는 투명성이 있다. 기업 전체를 함께 사회화할 때 누군가가 결함 있는 접근을 알아차리거나 일을 하는 다른 방법을 제안할 가능성이 커진다. 이제는 사람들이 협업하기 위해 선호하는 동료들의 자기만의 영역을 고수하는 정보 사일로의 단편적인 환경에 있지 않다. 우리는 이제 자체 수정 self-correcting 경향이 있는 정보 공유를 위해 개방형 네트워크 속에 있다.

위키피디아 Wikipedia와 온라인 백과사전의 광대한 커뮤니티(영어 사이트의 이용자만 2천 6백만 명 이상인) 사이에서 일어나는 협업 편집을 생각해보라. 연구 결과에 따르면 오류를 바로잡으려는 끊임없는 크라우드소싱 노력으로 위키피디아의 정확도는 영국 백과사전을 비롯해 다른 저명한 참고 간행물들과 동등한 99%를 상회한다.

분석 환경을 위해 권장하는 링크드인 환경에서 발생하는 사용자 간의 유사한 자체 수정 프로세스를 수행했다. 그러나 정확성과 가치의 훨씬 더 강력한 힘은 비즈니스 사용자의 말을 듣고 그들 사이에서 일어나는 모든 것을 해석하기 위해 설정한 AonA 기능이다.

5장의 앞부분에서 협업 아이디에이션 플랫폼이 분석 환경을 위한 링크드인 환경과 사람들이 수행하는 작업을 모델링하고 클러스터링 및 분석하는 AonA 데이터 과학자팀의 결합된 방식을 언급했었다. 간단한 사실은 모든 사람의 상호 작용을 조사해 기업에 가장 유용한 데이터가 무엇인지 알아내는 것이 유일한 직업인 전용 AonA 팀 없이는 분석용 링크드인을 가질 수 없다는 것이다. 어떤 의미에서는 AonA를 내부적으로 클릭스트림, 센서 데이터, 콜센터 이벤트 또는 고객 서비스 로그와 동등한 것으로 생각할 수 있다.

4장에서 데이터 과학자들이 외부 데이터 소스의 패턴과 가치를 해석하기 위해 계층화된 데이터 아키텍처의 세부적인 수준에서 작업할 때 어떻게 조사했었는지 기억하는가? 일반적으로 세 명에서 다섯 명인 AonA 팀은 분석을 위한 링크드인 커뮤니티 사용자가 기업 내부에서 생성된 데이터로 동일한 작업을 수행한다. 이 팀은 기본적으로 내부 비즈니스 사용자 커뮤니티의 중점 영역을 전담하는 자체 계층화된 데이터 아키텍처를 만들고 있다.

AonA 팀은 모든 활동과 검색 결과를 기록하고 분석하는 일을 한다. 이 정보를 바탕으로 검색을 최적화하거나 관련 프로젝트를 강조하는 알고리즘을 작성한다. 5장 앞부분에 언급했던 분석적 통찰력의 판매 계획을 떠올려 보면 이제 어떻게 AonA 팀이 추천과 자동 완성 검색 기능을 담당해 모든 사람이 기업 내에서 가장 관련 있는 사람과 프로젝트, 데이터와 연결할 수 있도록 지원하는지 보게 된다.

누군가가 잘못된 길을 가고 있을지도 모를 때 AonA는 이전 사용자 활동에서 배운 결과와 교훈에 따라 사용자 행동 위에 규칙을 설정해 방향 수정을 돕는다. 이는 알고리즘이 아닌 다른 모범 사례를 원활하게 활용할 수 있는 번거롭지 않은 방법이다. 우리는 다른 사람들이 질문한 내용과 데이터 과학 및 분석팀이 과거에 이러한 질문들이 목적 적합성, 적용 가능성 또는 가치 측면에서 우리에게 어디로 가져갔는지에 대해 말해줄 수 있는 내용을 검토하고 있다.

애자일리티, 셀프서비스, 협업에는 AonA가 필요하다. 데이터와 통찰력의 한계를 뛰어넘어야 하는 분석 경쟁자로서 이러한 기능의 발전을 운에 맡길 수 없다. 이는 특히 대량 플랫폼을 수집하고 데이터를 셀프서비스 협업 환경으로 처리하고 있다는 점을 감안할 때 더욱 그렇다.

프로세싱의 30~50%가 궁극적으로 개방형 플랫폼에 전념할 수 있음을 기억하라. 운영 우수성을 높이려면 효율적이고 효과적인 것이 무엇인지와 그렇지 않은 것이 무엇인지 알아야 한다. 이러한 이해는 분석 생태계의 모든 참여자가 한 프로젝트에 소비하는 자원의 수와 기업이 소비하는 비용을 알 수 있도록 피드백 루프^{feedback loop}를 생성하는 활동 기준 원가 계산과 함께 사용자 커뮤니티에 이상적으로 확장돼야 한다.

채택은 시간이 걸린다.

완벽한 세상에서 기업 내 모든 사람이 협업 아이디에이션 플랫폼에서 일하는 것을 보면 좋을 것이다. 그러나 센티언트 엔터프라이즈는 현실 세계를 다룬다. 스위치를 켜고 기업 전체에 메모를 보내고 다음 날 모두를 탑승시킬 수는 없다.

이 책의 도입부에서 논의했던 것처럼 센티언트 엔터프라이즈는 하룻밤 사이에 일어날 수 없는 절차적이고 문화적인 전환과 관련된 분석을 수행하는 매우 다른 방법을 제안한다. 그렇기에 센티언트 엔터프라이즈 퍼즐의 다른 부분을 소개하는 것과 같은 방식으로 협업 아이디에이션 플랫폼을 도입하는 것을 추천한다. 소규모로 시작해 마치 자신의 기업 안에서 자신의 스타트업start-up인 것처럼 운영해보라.

지구상에서 최고의 소셜 소프트웨어social software 3를 가져다가 기업 전체에 배포하고 제대로 육성하지 않으면 죽는 것을 볼 수 있다. 이런 일을 시작하고 마법 같은 일이 일어나기를 기대하면 안 된다. 환경을 홍보하고 멘토링하는 소규모 팀을 구성해야 한다. 이들은 얼리 어답터early adopters로 시범 활동에 참여하는 20명에서 30명으로 구성된 선택된 그룹이다.

자신이 하는 것을 기업 전체에 광고하거나 과장하지 말고 초기 단계에서 시스템을 사용해 관심 있는 사람들의 핵심 그룹에 충실하라. 더 많은 얼리 어답터에게 영감을 줄 수 있는 몇 가지 초기 성공 경험 스토리를 만드는 깃에 초점을 맞춰라. 처음 두 달이 지나면 최대 50명까지 탑승하고 시간과 성공 사례가 계속되면 더 많은 사람이 참여할 수 있다.

버티는 건 어떠한가? 페이스북, 링크드인 그리고 우리가 모방하는 다른 소셜 플랫폼과 마찬가지로 가입하고 싶지 않은 사람들도 있다. 우리의 메시지는 '강요하지 마라'다. 그리드grid 4에 있고 싶지 않은 사람들이 항상 있을 것이다. 50~70%의 사람들이 참여를 원하지 않을 수 있지만 성공 기준은 아니다. 성공 지표는 협업 아이디에이션 플랫폼을 채택한 인력의 길고 작은 조각으로 달성되는 것과 더 관련이 있다.

---

3 컴퓨터나 모바일을 통해 온라인으로 사람을 연결해주는 의사소통 및 자료 공유에 사용하는 도구(이메일, 메신저, 채팅, 블로그, 카페, 유튜브, 트위터 등) – 옮긴이

4 차세대 인터넷망을 의미 – 옮긴이

사용자의 3~4%만 채택하는 데 몇 주 혹은 몇 달이 걸릴 수 있지만 이러한 수준의 활동은 여전히 훌륭한 사용 사례를 거둘 수 있다. 대기업에서조차 50~100명이 큰 차이를 만들 수 있다. 더 많은 기능을 구축할수록 더 많은 사람을 여기로 계속 안내하라.

좋은 콘텐츠나 성공 사례가 없는 기업 전체 수준의 시도는 분명히 실패한다. 얼리 어답터를 선택하고 교육하며 성공하도록 도와라. 기업에서 내부 데이터 컨퍼런스를 개최하는 시점에 도달할 수도 있다. 이러한 것이 궁극적으로 성공을 분명히 하는 단계들이다.

지멘스 같은 기업을 위해 생산 물량 증가 시범 운영 방식이 작동할 것을 믿어라. "특정 지역을 개척하고 제한된 투자를 하며 조직에 정말로 가치를 가져다줄 특정한 문제를 이해시키려고 사람들을 불러 모읍니다." 게르하르트 크레스가 말했다.

"그들에게 데이터와 과제를 주고 몇 달 후에 결과를 들고 돌아오게 합니다. 그것이 유일한 진입점입니다." 그가 설명했다. "확장은 거기에서 시작됩니다. 전체 기업을 통해 더 많은 사람을 참여시키고 솔루션의 범위를 넓히십시오. 그렇게 하지 않으면 불가능하다고 생각합니다."

운용할 수 있는 통찰

계층 구조를 파괴하고 조직 내 모든 사람이 서로 대립하지 않고 협력하도록 협업 아이디에이션 플랫폼을 만들었다. 결과적으로 하루에 수천 가지 아이디어와 실행 가능한 통찰력을 얻고 있다. 굉장하다! 이제 이러한 아이디어와 통찰력에 대해 뭔가를 해야 한다.

이해에서 수행까지는 큰 진전이고 대부분 기업이 휘청거리는 단계다. 안타깝게도 오늘날 이러한 시각화가 고위 경영진에 도달하는 유일한 방법이

벽에 있는 예술 작품의 형태뿐인 기업들이 있다. 고위 간부에게 벽에 걸린 그림의 결과로 어떤 일이 일어나는지 물어보면 명쾌한 답을 얻지 못할 수도 있다.

분석이 테이블에 가져다주는 통찰력에 너무나 자주 감탄하지만, 변화를 끌어내기 위해 그런 통찰력에 작용하는 다음 단계를 밟지는 않는다. 그렇게 하기로 한 결정은 경영진 차원에서는 길을 잃게 된다. 그것은 센티언트 엔터프라이즈 여정의 다음 단계인 '분석 애플리케이션 플랫폼'에서 해결해야 할 내용이다.

CHAPTER 6

분석 애플리케이션 플랫폼

지금까지 우리 작업은 행동 데이터의 홍수를 관리하고 규모에 맞는 협업, 거버넌스 및 메타데이터를 단순화하는 능력을 갖춘 전사적 혁신 깔때기innovation funnel로 생각할만한 것을 구축해왔다. 그러나 '분석가analyst'라는 직책을 가진 수백, 심지어 수천 명의 사람이 있는 대규모 조직에서 광범위한 사용자 커뮤니티가 만드는 데이터로 얻게 되는 모든 통찰력이 실제로 뭔가를 수행할 수 있는 적절한 도구가 되도록 해야 한다. 다시 말해 통찰력을 행동으로 바꿔야 한다.

"고급 데이터 과학 문제는 항상 존재하겠지만 대부분의 비즈니스 문제는 비즈니스 사용자가 해결할 수 있습니다." 제너럴 모터스의 최고 데이터 책임자CDO, Chief Data Officer인 찰스 토마스가 말했다. "비즈니스 관리자는 실행할 수단을 이해할 필요가 있지만 분석에 들어가는 모든 공학 방법론을 반드시 알 필요는 없습니다."

"사람들이 티켓을 제출하는 것을 멈추고 스스로 더 분석적으로 생각하게 하려면 복잡성을 접근 가능한 도구로 포장해야 합니다." 찰스는 인터뷰에서 말했다. "우리가 여기서 본질적으로 한 일이 그것입니다. 그들에게 '흠, 이쪽에 스파크가 있어요. 저쪽엔 결함이 있고요. 실험으로 이유를 알아냅시다'라고 말할지도 모르는 호기심의 불꽃spark of curiosity을 따라가는 방법들을 제공하고 있습니다."

센티언트 엔터프라이즈 5단계

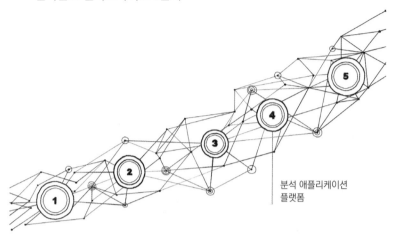

분석 애플리케이션
플랫폼

분석 통찰력을 조직 전체 행동으로 전환하기

찰스가 말한 것처럼 '호기심의 불꽃'은 노동력에서 가장 가치 있는 자산 중 하나로 조직 전체에서 데이터를 폭넓게 공유할 때 증가한다. 우리는 데이터 액세스를 중앙 집중식으로 유지하면서 혁신의 용량도 중앙 집중화되고 제한적이라는 것을 인식할 수 있을 만큼 충분히 진척됐다. 동시에 확실한 전략 없이 단순히 데이터 수문을 직원에게 개방하면 성공보다 더 많은 혼란을 야기할 것이다. 그렇기에 분석 애플리케이션 플랫폼을 만드는 것이 사용자들이 자신의 예감을 따르고 통찰력을 행동으로 바꿀 수 있도록 온디맨드on-demand 환경인 셀프서비스만큼 중요한 이유다.

"저는 최고 데이터 책임자CDO의 선언이 데이터를 민주화하고 일반 비즈니스 사용자에게 최대 권한을 부여하는 것을 포함한다고 확신합니다. 우리가 도구를 넘겨주면 그것이 바로 일어나는 것으로 그들이 가능한 한 똑똑하고 독립적일 수 있게 돕고 있습니다." 찰스가 설명했다. "때때로 제가

'둥지에서 밀어내기 pushing them out of the nest'라고 부르는 부분이 있는데 알맞은 도구를 사용하면 쉽게 분석할 수 있는 몇 가지 문제를 스스로 해결할 수 있고 티켓을 많이 쓰지 않아도 됩니다. 그들이 도움을 요청할 때는 당신이 정말로 답하기 위해 심도 있는 데이터 과학을 요구하는 더 어려운 질문들을 위한 것입니다."

분석 앱을 만들 때 우리는 분석적 통찰력과 가치를 위해 기업의 시드베드 seedbed를 확장한다. 그러나 분석 앱 같은 프레임워크 없이 기업 전체에 데이터 수문 data floodgates을 단순히 개방해서는 안 되는 것처럼 지원 시스템이 없는 상태에서 분석 앱을 단순히 기계적으로 만들어내도 안 된다. "관료주의의 최소 유지가 중요하며 분석 앱은 특정 조직 구조 내에서 작동해야 합니다." 찰스는 인터뷰에서 기업 전체 시스템을 '인사이트 거버넌스 insight governance'라고 부르는 것에 관한 설명을 이어갔다.

"최상위에는 각 비즈니스 부문에 대한 분석에서 일종의 '국가 원수 heads of state'와 같은 분석 리더십 위원회 Analytics Leadership Council가 있습니다. 문제와 우선순위, 재능, 채용 및 모범 사례를 이야기하려고 필요에 따라 매월 약 15명 정도가 만납니다. 매우 체계적이며 고객 만족과 리스크 완화, 측정 기준 활용을 좋게 하면서 수익을 창출하는 것과 같은 결과에 연결돼 있습니다. 앱 개발은 의제 중 하나이며 조직 내에서 분석 요구를 측정하고 앱의 빠른 개발을 조정하는 관계 관리자가 있습니다. 게다가 여러 기업 부서 내 중간 사용자에 몇 가지 질문에 답하기 위한 슈퍼 유저 커뮤니티 community of super-users가 있습니다. 장애물이나 심층 분석 문제가 발생할 때 고급 데이터 과학자들이 도움을 줄 수 있습니다. 그러나 시스템의 아름다움은 슈퍼 유저 커뮤니티 전문가들의 업무량이 자연스럽게 그들을 가장 필요로 하는 더 어려운 과제들로 기울어져 있다는 것입니다!"

찰스는 또한 인사이트 거버넌스에 대한 조정된 접근 방식이 여러 부서와 비즈니스 문제에 어떻게 애자일하게 적응해 유지되는지 설명했다.

"제 업무는 데이터가 비즈니스 의사 결정에 영향을 미치도록 도울 수 있는 가장 광범위한 환경을 찾는 것입니다. 어느 조직에서나 일부 부서 또는 직무 기능이 다른 부서보다 더 수용적일 수 있습니다. 예를 들어 모바일과 온라인 부서는 데이터의 가치에 익숙한 경향이 있고, 마케팅 부서는 성공의 확실한 척도가 있는 특정 캠페인에서 어떻게 도울 수 있는지 이미 알고 있을 것입니다. 인사부나 법률부, 물리적 자산 관리부 같은 곳에서 함께 이야기해야 할 수도 있습니다. 그러나 이러한 영역에서도 법률 언어의 디지털 분석이 고객에게 더 나은 결과를 제공할 수 있는지 제안된 변경 상황을 어떻게 공개할 수 있는지 입증하면 분석의 가치가 분명해집니다. 우리는 이러한 대기업이기 때문에 작은 변화조차 큰 영향을 줄 수 있습니다. 궁극적으로 최고 데이터 책임자의 승인을 통해 규모에 맞는 비즈니스 의사 결정을 내릴 수 있다고 생각하는 이유가 여기에 있습니다."

제대로 설계되고 구현된 분석 애플리케이션과 이를 지원하는 인사이트 거버넌스 프레임워크는 조직을 위해 데이터 통찰력이 일하도록 할 수 있을 때 CRM 역풍처럼 힘들고 까다로운 비즈니스 도전들 앞에서조차 웰스 파고의 찰스와 그의 동료들은 4장에서 성공적으로 항해했다. 실제로 이것이 솔루션을 만들고 궁극적으로 기업의 나머지를 위해, 그리고 애자일 분석의 가치를 소개하기 위해 어려운 도전으로 안간힘을 쓰고 있는 내부 파트너인 우리가 '등대 고객lighthouse customers'으로 언급해온 것을 도움으로써 분석이 진정으로 빛을 발할 수 있을 때다.

"디지털 개선을 통해 대화할 수 있는 가장 좋은 시간은 도전과 문제가 있을 때입니다." 인터뷰가 끝날 무렵 찰스가 요약했다. "누군가가 '한 발짝 물러서서 고객들에게 제대로 하고 있는지 확인하자'라고 말할 때마다 저는 '당신이 그렇게 하는 동안 우리가 할 수 있는 것을 자동화하고 일을 더 쉽고 더 효율적으로 만들자'라고 말합니다."

클라우드에서 얻은 교훈

웰스 파고와 우리가 이 책에서 이야기했던 다른 첨단 기업들은 여전히 평범하지 않다. 많은 조직이 작업 측면에서 부족한 전통적 데이터 웨어하우스 환경에 계속 존재하며 특정 밴더나 독점적 접근 방식에 실제로 고립되지 않는다. 실제로 전통적인 비즈니스 인텔리전스[BI, Business Intelligence] 도구나 대시보드를 살펴보라. '이제 어쩌지?'의 느낌으로 남는 경우가 많다.

여전히 공들여 작업 흐름과 애플리케이션을 발명하고 재창조함으로써 혁신을 시도하고 있다는 증거다. 또한 6장에서 바로잡으려는 것이기도 하다. 다행히 우리가 개선하고자 할 때는 분명한 기준점이 있는데, 분석 애플리케이션 플랫폼을 구축하는 데 클라우드 컴퓨팅이 분석을 신속하고 규모 있게 운영하는 길을 어떻게 마련했는지 보는 것이며 이는 매우 유용한 일이다.

과거에는 처리할 서버 몇 대만으로 용량과 분석 기능을 구축하기 위한 맞춤형 계획을 고수할 수 있었다. 제한된 리소스를 프로그래밍하고 관리하기 위해 자동화와 반복성[repeatability]이 실제로 필요하지 않았다. 그러나 클라우드는 모든 것을 바꿔놓았다.

클라우드에서는 일반적인 IT 매장에서 동일한 용량을 공급하려고 기다려야만 하는 몇 주나 몇 달 대신, 몇 분 안에 컴퓨터 자원의 기하급수적인 프로비저닝을 할 수 있다. 프로비저닝 시간 단축은 작업을 수행하고 훨씬 더 빠르게 확장할 수 있도록 한다. 문제는 아무리 많은 인적 지원도 보조를 맞출 수 없을 정도로 상황이 빠르게 확장한다는 것이다.

클라우드에서의 비즈니스 성공에 업무 흐름과 거버넌스에 대한 전면적인 재검토가 필요한 이유가 여기에 있다. 클라우드에 뛰어난 기술을 보유한 사람들은 빠른 IT 프로비저닝과 애자일하고 반복 가능한 프레임워크를 결합한 애플리케이션 접근 방식을 채택해 이러한 컴퓨팅 기능을 모두 주요 비즈니스 프로세스로 구현할 방법을 익혔다.

이러한 프레임워크가 없다면 애자일리티는 중간 지점에 갇히게 된다. 즉, 인프라와 내부 IT 프로세스의 일부를 더 애자일하게 만들었지만 비즈니스 사용자를 위해 빠르고 반복 가능한 작업 경로를 구축해 실제로 기업에 변화를 주지 못했을 수 있다. 이 결론은 센티언트 엔터프라이즈를 구축하는 우리에게 전달하는 바가 분명하다. 많은 사람이 즉각적으로 그리고 규모에 따라 사용할 수 있는 분석 솔루션을 개발할 수 있는 플랫폼과 시스템으로 애자일리티 그림을 완성해야 한다.

즉각적으로 그리고 규모에 맞게 우선순위를 잠시 고려해보라. 클라우드의 두 가지 주요 판매 포인트로 앱의 본질과 4단계에서 앱 중심 플랫폼을 구축하는 이유를 설명해준다. 앱은 즉각적으로 그리고 규모에 맞는 완벽한 방법이다. 자신의 버블볼Bubble Ball 게임을 빠르게 만들어 출시 첫날 40만 번 다운로드할 수 있도록 앱 개발 플랫폼을 사용한 1장에서 말한 10대 로버트 네이에게 물어보라.

엔터프라이즈용 애플리케이션 경제 창출

로버트 네이와 다른 어린 소년 소녀들은 데이터의 모든 복잡성을 이해할 필요 없이 페이스북 API에서 그들만의 모바일 앱을 만들거나 애플 워치 SDK 데이터를 사용할 수 있다. 또한 그들은 멋진 신규 게임들이 수십만 명의 사용자에게 퍼져나가도록 보낼 때 거버넌스와 공급에 대한 세부 사항을 너무 깊이 생각할 필요도 없다.

비즈니스 조직에서 이런 종류의 앱 프레임워크를 제공해 분석 후속 조치를 수행할 수 있다면 어떨까? 방금 설명한 것들 때문에 앱 중심 플랫폼은 우리가 규모에 맞게 필요로 하는 일종의 원활하고 반복적인 기능을 달성하는 방법이다.

그렇다면 우리의 임무는 소비자 세계에서 엔터프라이즈로 앱 스타일의 경제를 가져오는 것이다. 이는 소수의 IT 인력만이 코드를 작성하는 오늘날의 현실을 뛰어넘게 한다. IT에 대한 스트레스를 가중하지 않고 앱 스토어처럼 비용이 들지 않게 배치하는 지점에 도달해야 한다.

소비자용 앱과 마찬가지로 복잡성에 대응하고 개발 과정을 단순화하며 '제대로 작동하는' 데이터 엔진을 만들고 사용 편의성과 접근성을 높여야 한다. 한두 명의 개발자가 만든 앱 도구에 일단 내장되면 쉽고 접근 가능한 분석 프로세스는 수천 명의 동료에 의해 반복적으로 사용될 수 있다.

한 예로 엔터프라이즈가 고객의 평생 가치를 계산할 필요가 있다고 하자. 분석 애플리케이션 플랫폼은 한 명의 개발자 또는 2인으로 구성된 팀이 50줄 정도의 코드를 작성해 새로운 고객 만족도 지수를 시작할 수 있게 해준다. 이때 분석 결과를 생성하는 데 필요한 후속 코딩의 양을 크게 줄이기 위해 새로운 클러스터링, 그래프 작성과 다차원 경로 설정과 같은 고급 분석 기능을 포함할 수 있다.

이러한 맥락에서 신기술이 어떻게 영향을 미치는지에 주목하는 것이 중요하지만 종종 광고와는 다른 방식으로 영향을 미친다. 대다수의 비즈니스 사용자, 분석가, 심지어 일부 데이터 과학자조차 낮은 수준의 앳스케일 ^{atscale} 프로그래밍으로 깊이 파고들지 않을 것이다. 대신 앱으로 이러한 기능을 제공해야 할 것이다. 비즈니스 사용자는 최종 앱에 액세스할 수 있어야 하며 오늘날의 사용자는 분석 요구를 설명하고 체계화하기 위해 파이썬^{Python}이나 고급 형식의 SQL과 같은 언어를 요구한다는 점을 기억하라.

앱이 만들어지면 코딩 지식이 제한된 팀을 포함해 수많은 다른 팀이 앱 생태계나 기업 내 스토어에서 앱을 다운로드하고 자체 보고에 활용하도록 할 수 있다. 이 시나리오에서 당신은 반복 가능한 프로세스를 갖고 있다. 그리고 갑자기 당신의 기업 문화에 더 많은 실행자를 얻게 된다.

여기에 추가되는 아름다움은 사람들이 플랫폼을 사용할 때 이러한 애플리케이션의 가치가 기하급수적으로 증가한다는 것이다. 더 많은 사람이 분석 애플리케이션 플랫폼에 참여함에 따라 누가 어떤 앱을 사용하는지, 누가 진보하고, 누가 따르는지 더 많은 콘텍스트를 모으기 시작한다. 우리는 이제 앱을 중심으로 더 많은 태그와 행동 정보가 생성되는 풍부한 생태계를 살펴보고 있다. 이는 차례대로 더 나은 분석과 애플리케이션을 촉진한다.

지금쯤이면 당신은 약간의 데자뷔^{déjàvu}를 겪으면서 협업 아이디에이션 플랫폼을 생각할 수 있다. 분석용 링크드인 환경에서 동일한 데이터 소셜화 과정이 여기서도 일어나기 때문이다. 차이점이 있다면 협업 아이디에이션 플랫폼의 데이터 사회화 기능을 우리가 증가하는 분석 앱의 세계로 대표되는 정교하지만 접근 가능한 성능과 작업 흐름에 적용하기 때문에 기업에 더 많은 가치를 창출한다는 것이다.

다시 말해 분석 애플리케이션 플랫폼은 협업 아이디에이션 플랫폼을 구축할 때 사용하는 것과 동일한 소셜 미디어 유형의 역학 관계로 관리된다. 즉, 5장에서 개별 데이터 세트를 머천다이징하는 방법을 설명했던 것처럼 사람들은 앱을 찾아서 앱을 따라가고 머천다이징할 수 있다. 그러나 이제 단순히 데이터 가치 이상의 것을 머천다이징하고 있다. 앱을 머천다이징

함으로써 갑자기 판매되는 성능과 미리 구축된 작업 흐름의 조합으로 여러 기술의 조합을 이룰 수 있다. 우리는 고객의 행동을 머천다이징하고 있다!

협업 아이디에이션 플랫폼에서 봤던 AonA 기능은 4단계에도 적용된다. 여기서는 피드백 루프를 설정해 누가 어떤 앱을 얼마나 효과적으로 사용하는지 파악한다. 새로운 앱이 출시될 때마다 얼마나 많은 사람이 그것을 사용하고 있는가? 얼마나 효율적으로 보이는가? 어디로 어떻게 방향을 변경하거나 정정해야 하는가? 전체적으로 우리는 AonA 거버넌스 팀이 사용자 커뮤니티를 위해 속도를 늦추지 않고 분석 애플리케이션 플랫폼을 지원해야 하므로 AonA 거버넌스를 원활하고 비교적 편리하게 유지하는 것을 중요하게 생각한다.

현실이 되게 하는 데브옵스

이 책을 통해 대부분의 비즈니스 사용자가 따를 수 있는 심층적인 우리의 여정을 설명하려고 노력했다. 이제 3장의 계층화된 데이터 아키텍처 논의와 8장에서 공유하는 구현 정보처럼 센티언트 엔터프라이즈 비전을 시행하려는 IT 관리자와 개발자에게 현실적이고 구체적인 것을 만들기 위해 일정량의 기술적 맥락을 제공해야 하는 시점이다.

4단계는 문자 그대로 협업 아이디에이션 플랫폼 위에 분석 애플리케이션 플랫폼을 설정하는 것이다. 자체 기업 고유 앱 스토어가 있다. 업무 흐름을 패키지화해 재사용할 수 있고 공유와 반복을 가능하게 만들 수 있으며 모든 소셜 미디어와 AonA 규칙이 적용된다. 4단계를 구축함으로써 우리는 단지 데이터와 통찰력뿐만 아니라 성능 자체에도 현재 애자일리티 프레임워크를 적용할 수 있다.

4단계에서 특히 관련 있는 개발 접근법 중 하나는 '데브옵스'라고 불리는 것이다. 이 용어는 개발과 운영의 매시업mashup이며 데브와 옵스라는 두 세계를 더 가깝게 결합함으로써 애자일리티를 향상하는 방법이다. 개발자와 IT 운영팀 간 협업을 개선하면 더 나은 품질 보증, 더 빠른 소프트웨어 제공, 출시 제품의 오류 감소, 사용자 요청으로 인한 소프트웨어 업데이트 시간 단축을 얻을 수 있다.

데브옵스 접근은 새로운 애플리케이션을 위한 전달 파이프라인 전체에 걸쳐 개발자와 IT 운영자 사이의 개방적인 커뮤니케이션과 정보 공유에 의존한다. 이러한 열린 커뮤니케이션을 보장하고 가능한 한 간단한 프로세스를 자동화하고 표준화하는 데 중점을 둔다. 어떤 이들은 데브옵스 핵심을 전체 조직이 IT 개발의 더 일반적이고 애플리케이션 중심의 이해를 채택하는 만큼 '공감empathy'을 촉진하는 것으로 설명했다. 논의의 목적상 우리가 가장 관심을 두는 데브옵스 역학 관계는 반복성과 버전 제어, 보안이다.

반복성은 본질적으로 기업 전체에 분석 기법을 배포하거나 업데이트할 때마다 쓸데없는 시간을 낭비할 필요가 거의 없다는 것이다. 데이터 분석가 커뮤니티가 작업 흐름이나 프로젝트를 수행하는 모든 점진적 변화나 조정을 기록하지 않아도 된다. 이런 종류의 원활한 버전 제어는 반복성의 초석이며 직관적이고 편리해야 한다.

앱 중심 환경에 데브옵스를 결합한 것의 장점은 해당 플랫폼을 읽거나 알 필요 없이 앱 플랫폼이 개발자와 기업 내 다른 누구든 그 밑의 반복성과 버전 제어로 갈 수 있다는 것이다. 앱에 내장된 또 한 번의 프로세스만 더 하면 된다. 5장에서 원활한 거버넌스에 대해 이야기했던 것을 기억하는가? 여기에서도 같은 생각이다.

간단한 비유로 MS 워드Microsoft Word의 문서 작성과 구글 독스Google Docs의 문서 작성의 차이를 상상해보라. MS 워드를 통해 여러 명의 작가와 검토자가 있는 복잡한 문서를 작성한다면 여러 버전의 이메일이 쇄도할 가능성이 크다. 조직의 어떤 사람은 가엾게도 각 레이더에서 완전히 벗어나 여러 사용자에 의해 동시에 일어날 수도 있는 모든 변화를 조정하는 데 반나절을 보내야 할 것이다.

반면 구글 독스는 여러 사용자가 변경 사항을 자동으로 원활하게 캡처하고 보관하는 방식으로 단일 문서 중심의 협업이 가능하다. 만약 돌아가서 역사를 살펴봐야 한다면 당신은 그렇게 할 수 있다. 그러나 이것이 애자일리티에 걸림돌이 되지는 않는다. 예를 들어 이 책은 구글 독스로 작성됐는데 두 명의 작가와 여러 명의 연구원, 검토자, 교정자, 출판 경영자 모두가 같은 텍스트 중심으로 모였다고 생각하면 된다.

더 중요한 것은 깃허브GitHub[1]를 생각해보라. 1,100만 명 이상의 사람들이 2,800만 개 이상의 프로젝트를 발견하고 기여하기 위해 깃허브를 사용한다. 깃허브 리포지토리repositories와 다른 직관적 도구 덕분에 해당 시스템이 모든 코드의 과거와 현재 버전을 보유하는 동안 실험할 수 있다. 그렇지 않으면 혼란과 무정부 상태가 될 것이다. 이러한 반복성과 버전 제어의 원칙이 혁신하고 규모에 맞게 생산하려는 대기업의 분석 애플리케이션 플랫폼에 얼마나 중요한지 알 수 있다.

보안에 관한 상황은 매우 비슷하다. 앱에 보안과 액세스 프로토콜을 구축하기는 더 쉽다. 한 번만 프로그래밍하고 사람들이 앱을 사용할 때 이러한 매개변수가 매일 작동하게 하는 것에 관한 문제다. 데이터를 볼 수 있는

---

1 2008년 미국 깃허브사에서 시작한 웹 호스팅 서비스로 컴퓨터 프로그램 소스를 공유 및 협업해 개발할 수 있는 버전 관리 시스템이며 프로젝트 관리 지원 기능을 확장할 수 있는 플랫폼(https://github.com) – 옮긴이

사람들만 앱을 볼 수 있다. 때로는 보안 매개변수를 조정해야 하며 원활한 버전 제어를 통해 변경 사항을 기록해 추적할 수 있도록 한다. 항상 데이터와 속성의 흔적이 뚜렷해서 책임성을 잃지 않게 된다.

다시 말해 엔터프라이즈를 위한 데브옵스와 앱 중심 플랫폼의 관점에서 생각하게 한 클라우드에 감사할 수 있다. 우리는 항상 이런 방법의 혜택을 누리고 있다. 차이점은 우리가 지금 이렇게 큰 규모로 운영되고 우리에게 절대적으로 필요한 많은 서버와 요소를 반복하고 있다는 것이다.

추출, 변형, 로딩을 더 적게…

센티언스를 향한 5단계 여정의 막바지에 들어가면서 우리의 데이터로 무슨 일이 일어나는지 이해하기 위해 이쯤에서 좀 더 깊이 파고들 필요가 있다. 분석 애플리케이션 플랫폼을 지속적으로 구축하고 진정으로 애자일하고 자율적인 분석을 위한 토대를 마련함에 따라 데이터 액세스와 정의 방법을 근본적으로 재고할 필요성에 직면하게 됐다.

현대 아키텍처에서 데이터의 필수 기능은 기존의 사후 데이터 처리와 정의에서 능동적으로 모니터링(또는 곧 알게 될 것처럼 '듣는listen') 플랫폼을 포함하는 더욱 적극적인 자세로 전환하는 것이다. 이러한 상황이 발생함에 따라 데이터를 추출하고 변형하고 로딩하는ETL, Extracting, Transforming, and Loading 그리고 어디서나 일어나는 관행에서 점점 더 멀어지고 있다.

ETL이 반드시 나쁘거나 불필요한 것은 아니라는 점을 분명히 하자. 데이터베이스에서 데이터를 추출하거나 읽거나 다른 데이터베이스에 배치될 수 있는 방식으로 변환하는 과정, 혹은 대상 데이터베이스에 데이터를 로드하거나 작성하는 과정은 수십 년 동안 분석의 주류였다. 즉, 이러한 시스템 관리와 함께 일부 레거시 시스템과 ETL 관련 인력, 소프트웨어 라이선스 그리고 하드웨어의 지속적인 존재를 어느 정도 수용할 필요가 있다.

이 책의 '들어가며' 부분과 8장의 몇 가지 구현 팁에서 강조했듯이 센티언트 엔터프라이즈는 특히 레거시 시스템을 갖춘 대기업이라면 현실적이고 장기적인 여정으로 기업이 더욱 자율적인 분석 태세로 서서히 진화함에 따라 여러 세대의 분석 아키텍처가 공존해야 한다. 그러면 가까운 미래에 ETL의 지속적인 역할을 보게 될 것이다. 또한 ETL 도구는 프로세스를 더 빠르고 더 저렴하며 더 사용자 친화적으로 만들기 위해 빅 데이터에 직면해 어느 정도 발전했다는 점에 주목해야 한다.

즉, 데이터 복제 기능, 변경 데이터 캡처와 기타 부가 가치를 포함해 가장 최근의 ETL 개선 사항도 점점 더 쓸모없는 데이터 세계관에 기반하기 때문에 충분하지 않을 것이다. 소프트웨어가 나쁜 것은 아니다. ETL에 대한 전체 접근 방식은 처음부터 리버스 엔지니어링reverse engineering 데이터 통합이라는 사실에 제한돼 있다는 것이다.

"데이터를 실제 의미에 매핑mapping하는 것은 모든 의사 결정 과정에서 가장 근본적인 부분입니다." 델의 제니퍼 펠치가 말했다. "우리가 현실 세계의 의미에 대한 일반적 이해가 없다면 확장할 수 없고 조치할 수도 없습니다."

그런데도 오늘날 엔지니어들은 데이터 통합에 신경을 쓰지 않고 새로운 제조 라인, 웹사이트, 청구 시스템 또는 다른 자산을 구축하는 것을 볼 수 있을 것이다. 데이터를 찾아 통합하기 위해 ETL 팀을 파견하는 데 익숙하기 때문이다. 문제는 해당 팀들이 제조 라인, 웹사이트 또는 청구 시스템에 있어 전문가가 아니라는 것이다. 그들은 대체로 ETL 도구에 관해 훈련을 받은 비즈니스 인텔리전스 전문가다.

사실 오늘날 많은 기업이 여전히 ETL만 할 수 있는 인력, 기술, 소프트웨어, 하드웨어에 상당한 투자를 하고 있다. 그러나 이를 수행하는 팀은 데이터 주제에 전혀 익숙지 않다. 그것은 통찰력을 줄이고 오류를 더 많이 만들어낸다. 게다가 휴먼 팀에 대한 의존은 ETL을 우리가 2장에서 중앙 집중식 메타데이터에 관해 처음 언급한 것과 같은 종말에 취약하게 만든다. 중앙 집중식 메타데이터와 같이 ETL은 종종 병목현상이 되는 중앙 집중식 휴먼 팀에 의존하는데, 인간은 데이터가 하는 방식으로 규모를 확장하지 않기 때문이다.

특히 곧 만나볼 5단계에서 규모에 맞는 자율적 의사 결정을 가능하게 하려면 데이터와 거기에 담긴 의미를 이해하는 더 나은 방법이 필요하다.

…더 많은 '데이터 리스닝'

기존에는 ETL 기반인 워터폴 모델waterfall model을 채택한 IT 시스템이 있다. 새로운 기능이나 앱이 있을 때 사람들은 공식적으로 데이터를 요청한다. 사람들이 데이터를 수집하고 분석하는 것은 항상 나중이다. 그렇다면 시스템을 구축하는 엔지니어가 처음부터 데이터를 통합하도록 하는 게 어떤가? 왜 앱을 만드는 엔지니어들은 솔직하게 "내가 작업 중인 신규 앱이 어떤 종류의 데이터를 생성합니까?"라고 물으면 안 되는가?

ETL 시스템을 구축하기 위해 전문가팀을 고용하지 않아도 된다면 얼마나 더 많은 통찰력을 얻고 인간의 오류를 예방할 수 있었는지 그리고 인력과 시간을 얼마나 절약할 수 있었는지 상상해보라. 리버스 엔지니어링 데이터의 유용성에 대한 기존의 ETL 기반인 데이터 풀pull 모델에서 작동하는 대신 데이터가 도착하는 대로 들을 수 있다고 상상해보라. 다행히도 4단계에서는 분석 애플리케이션 플랫폼을 지원하는 '엔터프라이즈 리스닝

^{enterprise listening}'을 위한 기능을 개발해 이를 수행한다.

이 책에서 센티언트 엔터프라이즈 구성 요소와 특정 구성 요소를 결합할 때 발생하는 새로운 기능을 공유했다. 그러나 앱 기반 플랫폼과 엔터프라이즈 리스닝을 결합할 때만큼 강력한 디지털 연금술은 아마 없을 것이다.

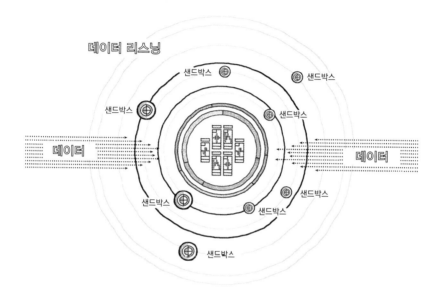

데이터 리스닝

여기에 이유가 있다. 데이터 리스닝은 누구나 실시간으로 수집되는 데이터 스트림에 연결할 수 있는 중앙 리스너^{listener}를 구축하는 것이다. 자동화된 시스템은 누구나 액세스할 수 있는 중앙 장소(중앙 리스너)에 데이터를 수집한다. 이 아이디어는 모든 개발자에게 리스너에 대한 액세스를 제공하는 매우 간단한 애플리케이션 프로그래밍 인터페이스^{API, Application Programming Interface}를 제공하는 것이다(기술 전문가는 RESTful 인터페이스와 JSON 데이터 구조를 옵션으로 인식할 것이다).

개발자나 팀은 리스너에 등록해 API 키를 얻을 수 있다. 다음으로 당신이 사용하는 프로그래밍 언어를 사용한 소스 코드에 들어갈 한 줄^{one-liner}을 다시 얻는다. 일단 이것을 복사해 시스템 코드에 붙여넣으면 듣고 싶은 데이터 종류를 지정할 수 있다. 그런 다음 시스템은 API 키를 기반으로 데이터를 방출하므로 고유한 계통을 갖게 되는데, 데이터를 보고 어디서 왔는지 쉽게 식별할 수 있다. 적합한 권한과 액세스를 통해 사용자는 리소스를 확장하거나 다른 스트리밍 데이터 소스를 선택할 수 있다. 이상적인 리스닝 플랫폼은 열쇠가 있는 사람이 데이터를 어느 위치에 저장하길 원하는지 말하고 해당 데이터를 쉽게 특정할 수 있게 해야 한다.

전체적으로 기능은 원활하고 자동적으로 유지된다. 사용자가 데이터를 요청해야 한다는 사실을 알기도 전에 자동으로 데이터를 입력하는 리스너에 대해 말하고 있다. 비록 우리가 엔터프라이즈급 관리 구조(하루에 1페타바이트 혹은 그 이상의 데이터) 내에 있다고 해도, 가상 데이터 마트에 대해 3장에서 제시한 것과 같은 종류의 자동 프로비저닝 방법을 따르면 우리는 원활한 방법으로 용량을 관리할 수 있다. 어떻게 사람들이 VDM을 쉽게 프로비저닝할 수 있었는지 기억하는가? 제한된 시간 동안 액세스를 지정했지만 시간을 더 달라고 요청하기가 쉬워지게 만들었다.

마찬가지로 개발자들이 리스너의 용량에 쉽게 액세스할 수 있게 되는데 이러한 용량은 제한적이지만 쉽게 업그레이드할 수 있다. VDM 사용자가 시간을 더 달라고 할 때와 마찬가지로 리스너에서 하루에 1기가바이트의 데이터를 사용하는 개발자가 갑자기 하루에 10테라바이트를 요구하면 개발자의 분석 애플리케이션 플랫폼의 작은 구석이 더 흥미로워졌다는 신호다. 리스너에서 이러한 프로비저닝과 사용 패턴을 수행하는 AonA를 기반으로 IT 지원팀을 잠재적으로 가장 가치 있는 앱으로 안내할 수 있다.

센티언스에 대한 셋업

지금쯤이면 거버넌스, 프로비저닝, 사회적 관습, AonA와 같은 것들을 둘러싼 원활하고 애자일한 역학 관계가 5단계 전체에 걸쳐 계속 나타나고 시스템의 크기와 복잡성을 확장하더라도 적용 가능한 상태로 유지되는 데 자뷔 순간의 패턴을 볼 수 있을 것이다.

이것은 우연이 아니며 센티언트 엔터프라이즈 모델이 작동하는 이유의 핵심이다. 애자일 시스템을 정의하는 관리 가능한 중요한 윤곽과 우선순위로 엔터프라이즈 분석을 세분화했다. 그런 다음 애자일 환경에 따라서 사람, 프로세스, 기술 웹을 구축하는 데 신경 쓰고 있다.

4단계는 우리의 통찰력과 함께 프로세스와 업무 흐름을 확장할 수 있는 행동의 선물을 우리에게 줬다. 그러나 오른손이 왼손의 행동을 직관적으로 알 수 있는 단일 유기체로 기업을 운영하게 되는 지점에 도달했음을 뜻하지는 않는다. 그렇기에 향후 경쟁력 있는 비즈니스가 모든 통찰력과 행동이 조화를 이루도록 사전 대응을 하고 보장하기 위헤 더 나이가는 깃을 필요로 하는 이유다. 그렇지 않으면 미시적 추세를 파악하거나 다음번 큰 위기를 예고하거나, 혹은 새로운 시장 기회를 활용하지 못할 것이다.

이런 종류의 성과와 조정을 위해 애자일 비즈니스는 규모에 따라 자율적인 의사 결정을 채택해 전략적인 사고를 사람들에게 위임하고 애로사항을 알고리즘에 맡길 필요가 있다. 이것이 우리가 '자율 의사 결정 플랫폼'을 구축하는 5단계로 향하는 것이다.

CHAPTER **7**

자율 의사 결정
플랫폼

지난 몇 년 동안 우리는 각자 1장의 파괴적 혁신에 관한 논의에서 언급했던 미래 지향적 기업인 테슬라에서 새 차를 구매했었다. 차에 관한 의견을 교환할 때 둘 다 오토파일럿^Autopilot 기능이 있는 차를 구매했다. 오토파일럿은 차선 내에서 스스로 방향을 잡고 방향 지시 등의 간단한 탭으로 차선을 변경하고 트래픽 인식 크루즈 컨트롤^Cruise control을 통해 속도 변화를 관리할 수 있게 해준다.

이 역량은 우리가 운전자로서 차량 작동 대부분을 처리할 수 있는 역량과 비슷하다. 그러나 자동차가 환경 변화를 감지하고 예상하며, 다음에 무엇을 해야 할지 의사 결정을 내리는, 즉 진정으로 스스로 운전할 수 있는 날이 얼마 남지 않았다. 또한 기업 전체가 분석을 통해 거의 동일한 작업을 수행할 수 있는 날도 얼마 남지 않았다.

7장에서 센티언트 엔터프라이즈 역량 성숙도 모델 여정의 다섯 번째이자 마지막 단계인 '자율 의사 결정 플랫폼'을 소개한다. 여기서 우리의 목표는 분석 알고리즘이 상황을 탐색하고 인간의 도움 없이도 대부분의 운영 의사 결정을 내리는 방식으로 기업을 포지셔닝하는 것이다.

이 목표에 비춰 볼 때 자율 주행차가 더 면밀히 조사받을 가치가 있다고 생각한다. 완전 자율 주행차를 보유하는 최종 상태는 센티언트 엔터프라이즈의 여정에서 최종 상태에 접근할 때 전체 조직의 거시적 수준에서 일어나는 것과 다르지 않은 수준의 센티언스를 포함하기 때문이다.

센티언트 엔터프라이즈 5단계

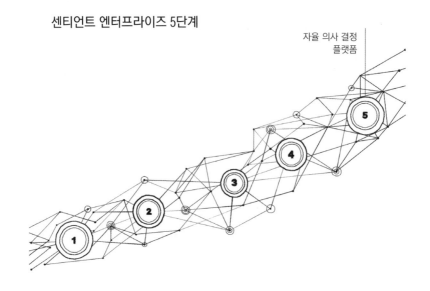

자율 의사 결정
플랫폼

빠르게 변화하는 역량

스스로 조종하는 자동차와 트럭 등 자율 주행차는 오늘날 가장 빠르게 성
장하는 기술 분야일 것이다. 볼보의 비즈니스 분석 책임자인 얀 와셴Jan
Wassen과 같은 동일 업계 베테랑들에게도 이와 같은 발전 속도는 주목할 만
한 일이다.

"저는 1984년부터 볼보에서 다양한 역할을 해왔습니다. 2000년대 후반에
졸음 탐지를 위한 제동 보조 장치와 차선 모니터링 같은 안전 전자 장치
전담팀과 일했습니다." 스웨덴 고텐부르크Göteborg의 볼보 본사 사무실에서
진행한 인터뷰에서 얀이 말했다. "기업 내 다른 부서로 옮기고 몇 년 후 이
전 팀의 프레젠테이션을 보려고 돌아왔고 포인트 솔루션이 얼마나 발전했
고 어디까지 확대돼 자율 주행을 실현하는 통합 기능 웹으로 진화하고 있
는지를 봤습니다."

볼보의 자율 주행을 향한 여정은 몇 년 전 클라우드 기반 기술을 활용해 차량이 기업과 실시간 안전과 성능 데이터를 공유하는 '커넥티드 카connected car'의 출시 등 일련의 혁신에 바탕을 두고 있다. 그 후 2016년 볼보는 차량이 도로와 교통 상황 등의 정보를 공유할 수 있도록 설계된 자동차 간 통신(연결 클라우드로 가능)을 선보였다.

"혁신을 시도하는 동안 기술 또는 물류 문제를 해결하는 데 모든 시간을 쏟고 있습니다." 볼보의 정보 관리 및 분석 선임 전략 설계자인 베르틸 앙토프Bertil Angtorp가 덧붙였다. "고객 편의와 안전을 위해 이런 모든 기능이 어떻게 가능하며 완전히 새로운 환경을 조성할 수 있는지 한발 물러서서 큰 그림을 깨달아야만 할 때입니다."

점점 더 발전하는 센서, 연결성, 인공 지능 기술의 지원을 받아 지금까지 볼보의 단계는 센티언트 엔터프라이즈 이전 단계까지 도달한 것으로 보인다. 그들은 다음에 올 진정한 센티언스와 자율 의사 결정의 토대를 마련했다. 실제로 볼보는 드라이브 미Drive Me 프로그램의 일환으로 2021년까지 차량이 완전히 통제되고 운전 경험을 전적으로 책임지는 최초의 완전 '비지도 자율unsupervised autonomous' 차량을 출시할 계획이다.

그러나 비지도 기반 자율 주행 또는 엔터프라이즈의 자율 의사 결정에 필요한 센티언스의 수준에 도달하는 것은 기본 분석과 시스템이 협력해 작동하는 것에 대한 높은 수준의 신뢰가 있어야만 가능하다.

자율 주행 자동차…그리고 기업들

자율 주행에 필요한 기술과 협업 혁신을 좀 더 자세히 살펴보자. 4장에서 미리 살펴본 것처럼 자율 주행 자동차에 들어가는 다양한 기술과 시스템의 복잡한 기반과 상호 작용을 이해한다면 조직 전체가 센티언트 엔터프라이즈가 되기 위해 거시적 수준에서 어떤 일이 일어나야 하는지를 볼 수 있다.

이제 센서, 네비게이션, 연결 기능을 적절히 갖춘 자동차가 스스로 수많은 교통 결정을 내리고 운전할 수 있게 해주는 복잡한 인공 지능^{AI} 시스템 뒤에 알고리즘이 존재한다. 최고 혁신 중 일부는 전통적 제조업체와 기술 기업 간 파트너십에서 비롯된다. 예를 들어 볼보는 스웨덴, 영국 및 중국의 자체 드라이브 미 프로젝트 외에도 펜실베이니아주 피츠버그와 애리조나주 템페에서 우버의 자율 주행 운전 테스트에 XC90 SUV를 공급한다.

볼보가 확실히 자율 주행차 추진의 선두 주자인 것은 분명하지만 결코 혼자만의 일은 아니다. 이 책이 출판됐을 때 볼보, 제너럴 모터스, 포드, 테슬라, 피아트 크라이슬러$^{Fiat\ Chrysler}$, 혼다^{Honda} 등 6개 주요 자동차 제조업체가 자율 주행차에 상당한 자원을 투자하고 있었다. 지엠^{GM}, 포드, 볼보의 택시 및 승차 공유$^{ride-hailing}$ 서비스 투자부터 테슬라의 지속적인 오토파일럿 업그레이드와 혼다의 AI 기반인 '감정 엔진$^{emotion\ engine}$' 프로그램에 이르기까지 차량의 운전자 판단에서 '학습하도록^{learn}' 그리고 미래의 의사 결정을 예상하도록 돕는 등 초점 분야는 다를 수 있지만 공유 목표는 넓고 새로운 시장에서 우위를 점하는 것이다.

다시 말해 많은 다른 시스템과 기능을 책임지는 자동차 제조업체, 공급 업체 그리고 기술 기업들의 네트워크에 걸친 파트너십의 중요성을 강조해야만 한다. 볼보와 우버의 협업 외에도 자율 주행 택시를 위한 지엠과 리프트 제휴, 아르고^{Argo} AI에 대한 포드의 10억 달러 투자, 피아트 크라이슬러과 알파벳^{Alphabet}의 제휴 등이 있다. 이러한 협업은 자동차가 스스로 운전하고 의사 결정을 내리는 데 필요한 인식, 예측, 모션 플랜의 복잡한 혼합을 이루기 위해 필수적이다.

지각perception은 앞에 있는 것이 다른 자동차인지 신호등인지 또는 보행자인지 이해하는 것이다. 한편 예측은 '저 자동차가 차선을 바꿀 것인가?', '신호등이 바뀌려는 건가?', '저 사람이 횡단보도로 진입할까?'와 같은 방식으로 다음에 무슨 일이 일어날지 이해하는 데 도움이 된다. 그리고 모션 플랜은 '차선을 변경해야 하는가?', '멈춰야 하는가?', '방향을 바꿔야 할까?' 등의 의사 결정과 실행을 포함한다.

이러한 기능은 속도와 승차자 경험의 맥락에서 이뤄져야 한다. 승차감이 부드러웠는가? 차량이 너무 빨리 회전하거나 다른 차량을 너무 가깝게 뒤쫓았는가? 자동차의 의사 결정과 실행은 적어도 운전자가 할 수 있는 만큼 좋아야 한다.

이 수준의 성능은 달성하기에 매우 높은 수준을 나타낸다. 사실 자율 주행차는 기술적으로나 법적으로 아직 감독받지 않거나 국제 표준이 '완전 자동화'라고 여기는 수준에 도달하지 못했다. 그렇기에 자율 주행차를 타는 사람들이 자동차가 하는 일에 책임지지 않을 것으로 예상된다. 일어나는 일에 대한 인식, 예측 그리고 작동 계획을 위한 리소스가 시스템 통합 및 처리 능력processing power과 함께 지속적으로 개선돼야 할 것이다.

"연결성, 도로 상황에서의 적응성, 악천후에서 센서가 어떻게 작동하는지를 살펴보고 있습니다." 볼보의 얀 와센은 설명했다. "순수한 전력은 또 다른 큰 도전입니다. 자동차는 고속도로 위 속도에서 일어나야 하는 모든 센서, 레이더, 전산 처리에 충분한 전력을 갖춰야 합니다. 하지만 시스템은 점점 좋아지고 있어 곧 성공할 수 있는 궤도에 올랐습니다."

센티언스를 위한 구성 단위 '시스템들 중의 시스템'

볼보와 앞서 언급했던 다른 기업들은 기술 진보에 대한 시스템 접근 방식으로 알려진 것을 활용하고 있다. 이를 통해 모든 스마트 시스템(브레이킹, 가속, 조정 장치, 인식, 모션 계획 등)의 단순한 축적 이상으로 세상을 변화시키는 혁신을 창출하도록 돕는다. 자율 주행차와 마찬가지로 센티언트 엔터프라이즈는 조직 내 다양한 분석 프로세스와 아키텍처(다양한 시스템)의 원활한 통합을 통해 이러한 고도의 인식과 자율 의사 결정 수준에 도달하고 있다.

계층화된 데이터 아키텍처를 채택하고 애자일 데이터 플랫폼에서 가상 데이터 마트를 구축한 후 다양한 데이터 스트림을 조화시켜 행동 데이터 플랫폼의 패턴과 가치를 명확히 하는 방법을 생각해보라. 이러한 기본 단계를 통해 협업 아이디에이션 플랫폼에서 분석용 링크드인을 활성화했다. 그 시스템을 기반으로 복잡성을 포장하고 사람들이 데이터 세트뿐만 아니라 전체 분석 프로세스와 알고리즘으로 주도되는 작업 흐름을 '좋아하고', '공유하고', '팔로우'할 수 있도록 더 발전된 분석 애플리케이션 플랫폼을 구축했다.

5단계에 도달했을 때 알고리즘을 사용해 실제로 독립적 의사 결정이 가능한 우리 기능은 기업을 근본적으로 새로운 운영 방식으로 끌어 올린다. 이는 마법이 아니라 변혁이다. 자동차에 자동화된 서브 시스템의 축적이 자율 주행차가 탄생하는 티핑 포인트tipping point에 도달할 때와 같은 방식으로 변화한다. 우리의 센티언트 엔터프라이즈는 이제 변화하는 상황을 예측하고 적응할 수 있으며, 인간의 개입 없이도 마이크로 트렌드micro trends를 감지하고 많은 의사 결정을 내릴 수 있을 정도로 자각적이고 능동적이다.

알고리즘: 자율 의사 결정을 위한 필수 조건

비즈니스가 하나의 유기체로 작용할 때 모니터링과 전략적 개입의 절대적인 스릴을 상상해보라. 자기 인식, 사전 예방, 다음 코너에서 주변의 마이크로 트렌드를 감지할 수 있으며, 다음 위기나 새로운 것을 알리면서 신속하게 대응할 수 있고 필연적으로 변하는 상황에 따라 실행을 준비하고 최적화하는 현명한 전략을 사용할 수 있다.

이처럼 매력적인 상상이 현실이 되려면 5단계에서 어떤 일이 일어나야 하는가? 무엇보다 데이터 집약적인 현대 비즈니스에서 의사 결정의 본질이 근본적으로 어떻게 변화했는지 이해해야 한다. 즉, 알고리즘의 도움이 전적으로 필요한 지점까지 실제로 진화했는지 이해하고 의사 결정의 홍수를 따라잡아야 한다. 알고리즘 지능을 사용하는 것은 선택이 아니다. 명령이다.

현대 데이터 환경은 한 세트의 기계 속도를 변경할 때 다른 모든 것의 흐름을 방해하는 공장과 같다. 데이터를 가진 어떤 발전도 잠재적으로 기업 전체에 걸쳐 변화와 복잡성의 복잡한 파급 효과를 가져올 수 있다. 이러한 환경에서 알고리즘과 계산, 데이터 처리 및 자동 추론을 수행하는 작업은 의사 결정에 도움을 주는 좋은 선택일 뿐 아니라 절대적으로 필요하다!

이러한 알고리즘은 지능형 에이전트로 구현된다. 마우스나 키보드와 같은 컴퓨터 주변 장치나 다양한 유형의 데이터에 대한 트레이닝으로 일반화된 문제 해결 기술 개발을 거쳐 이미지 이해와 해당 이미지 내 사물을 식별할 수 있는 모든 것을 인식하고 제어할 수 있다. 궁극적으로 지능형 에이전트는 이러한 기술을 다른 도메인에 적용하고 전이 학습transfer learning 메커니즘을 통해 신속하게 추리할 수 있다. 전이 학습은 범용 기계 지능을 새로운 환경에 적용하고 기계가 자율 의사 결정을 할 수 있는 매우 강력한 미래를 제공한다.

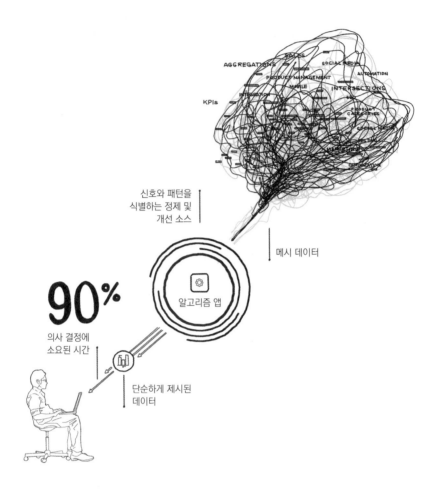

신호와 패턴을
식별하는 정제 및
개선 소스

메시 데이터

90%

의사 결정에
소요된 시간

알고리즘 앱

단순하게 제시된
데이터

간단한 사례를 통해 이것이 어떻게 작동하는지 살펴보자.

소매업은 수 세기 동안 예측할 수 없는 변화를 견뎌왔지만 매년 예측할 수 있는 한 가지 변화가 있다. 추수 감사절과 크리스마스 사이의 쇼핑 기간이다. 의회는 1941년에 추수 감사절을 11월 넷째 주 목요일로 정했다. 그래서 거의 80년 동안 소매상들은 몇 년마다 추수 감사절과 12월 25일 크리스마스 휴가 사이의 기간을 짧게는 26일에서 많게는 32일까지로 번갈아 가며 예측 가능한 시점에 의존할 수 있었다.

변동은 예측할 수 있지만 상황은 여전히 복잡하다. 소매업자들은 시차가 고객 행동을 어떻게 변화시킬 수 있는지 고려해야 한다. (추가된 일요일은 사업에 더 좋을까 아니면 좋지 않을까? 사람들은 구매를 다르게 할 것인가, 아니면 여분의 시간과 돈을 쇼핑에 쓰지 않고 여행하는 데 사용할까?) 업계는 마케팅 캠페인의 시기, 휴가철 성수기를 대비한 인력 배치, 상품 재고 및 최고의 배송 방법 등의 의사 결정을 해야 한다.

한 경쟁사의 배송 용량을 한 번만 바꾸면 상황이 얼마나 더 복잡해질지 생각해보라. 2015년 온라인 소매 기업인 아마존은 1~2시간 배송을 약속하는 프라임 나우Prime Now 배송 서비스를 제공하기 시작했다. 이는 아마존이 제공할 수 있는 것뿐만 아니라 경쟁사들이 어떻게 대응해야 하는지(배송 또는 가격 등을 맞추기 위해), 그리고 신속한 배송 결과로 고객 행동이 어떻게 바뀔 수 있는지에 대한 변화다. 엔터프라이즈 전체에 걸친 복잡한 도미노 의사 결정 체인이 뒤따른다.

여기서 전달하고 싶은 메시지는 산업에서 더 빠른 속도와 혁신이 있을수록 인간이 이에 따라 내려야 할 의사 결정이 더 어려워진다는 것이다. 모든 변화는 모든 것을 추적할 수 있는 인력이 이제는 충분하지 않을 정도로 더 많은 데이터와 더불어 더 많은 복잡성을 야기한다. 이 예는 경쟁사의 배송 혁신과 휴일 며칠 동안의 변동이라는 두 가지 주요 변수나 차원만 다루는 것을 잊지 말자. 이러한 상황조차 규모에 맞게 운영되고 있다는 사실을 감안하면 알고리즘이 대부분의 의사 결정을 대체할 수 없을 정도로 너무 복잡하다.

차원은 우리가 비즈니스 질문에 답하기 위해 사용하는 사실과 척도다. 가장 일반적인 차원 중에는 사람, 제품, 장소, 시간 등이 있다. 그러나 최근 샌디에이고의 IoT 해커톤Hackathon에서 우리는 참가자들이 42차원 문제를 해결하려 애쓰는 것을 보았다. 인간 데이터 과학자는 42차원은 고사하고 7차원적 비즈니스 문제 해결만으로도 버거웠다. 빅 데이터를 활용하면 이런 종류의 복잡성은 항상 발생하기 마련이며, 알고리즘은 사람의 관심을 끌기 위해 어떤 차원을 제거, 관리 또는 티업$^{tee\ up}$(칠 준비를) 할 것인지에 대한 의사 결정에 절대적으로 필수적이다.

이미 4장에서 소비자 행동 데이터가 오늘날 우리가 씨름하는 다양한 정보, 즉 인구 통계와 지리적 위치 같은 정보부터 구매 행동, 소셜미디어의 감성 값에 이르기까지 얼마나 다양하게 되는지 살펴봤다. 이들 모두 방대한 데이터를 통해 사람들이 지속적으로 추적하는 것이 불가능할 정도까지 이어지는 차원이다. 인간의 능력으로는 단순하게 할 수 없는 것들이다. 그러나 알고리즘은 가능하다!

엔터프라이즈에 알고리즘 인텔리전스 전략적 적용

우리의 엔터프라이즈를 더 자각하고 자율적으로 만들고 알고리즘 인텔리전스와 머신 러닝을 시연하는 지능형 에이전트는 프로세스를 움직이는 엔진이다. 이미 어떤 비즈니스 환경에 인간이 매칭할 수 있는 것보다 더 효과적인 방법으로 알고리즘 인텔리전스가 적용되는 것을 보고 있다.

이러한 인텔리전스는 현재 주가 변동을 마지막 0.001초까지 예측할 수 있는 알고리즘으로 높은 빈도 주식 거래에 대한 주요 연구 분야다. 제조업에서 많은 품질 관리 의사 결정은 알고리즘에 의해 이뤄진다. 특히 환경 조건이 핵심일 때(예를 들어 칩 제조나 제약 생산에 필요한 살균 환경) 습도와 온도, 공기 미립자 및 관련 요인을 효율적으로 측정하고 규제하는 알고리즘을 실행하는 것 외에는 선택의 여지가 없다.

최근 아마존 배송 사례가 보여주듯이 알고리즘 인텔리전스는 전자 상거래에서 훨씬 정교한 방법으로 적용되고 있다. 알고리즘은 현재 사람들이 어디에서 무엇을 살지 예상하고, 그에 따라 상품을 사전 배치하는 일부 지역에서 1~2시간 배송을 제공할 수 있는 기업의 역량 뒤에 있다. 실제로 아마존의 2015년 2분기 실적 요청에 대한 생산성 토론에서 브라이언 올사브스키Brian Olsavsky CFO는 말했다. "의사 결정을 위해 사람보다는 소프트웨어와 알고리즘을 사용하고 있습니다. 이로써 효율성과 규모, 정확성이 더욱 향상될 것으로 생각합니다."

도소매업에서의 빠른 배송 같은 모든 기존 용도에 대해서도 다른 사람들은 계속 혁신할 것이다. 전염병이 도는 동안 인명 구조 약물 전달에 혁명을 일으키는 사전 배치 알고리즘을 상상해보라. 발병이 어떻게 확산하는지 추적하는 공중 보건 데이터를 조합한다면 더욱 그렇다.

이같이 더욱 정교한 적용 사례는 머신 러닝의 지속적 성장으로 가능해졌다. 오늘날 1,000달러짜리 노트북은 마우스(실제 마우스)의 속도로 생각할 수 있지만 2023년에는 인간의 두뇌 한 개의 속도, 즉 생각의 속도로 계산할 수 있을 것이다. 현재 칩 세트는 초당 약 0.1조 개의 작업을 수행하지만 GPGPU General-Purpose computing on Graphics Processing Units와 텐서 플로우Tensor Flow 칩을 사용하면 초당 165조 개의 작업이 가능한 미래를 볼 수 있다. 이는 인공 지능, 알고리즘 인텔리전스, 머신 러닝을 새로운 수준으로 끌어올릴 것이며 기업들이 미래를 실질적으로 예측할 수 있게 해줄 것이다.

다음 예를 생각해보라. BP와 GE의 지능형 플랫폼 장치 간 새로운 파트너십은 650개의 웰스wells를 산업용 인터넷에 연결하고 유지 보수 실패와 수리 요구를 예측하는 머신 러닝을 채택하고 있다. 목표는 계획되지 않은 가동 중지 시간을 가능한 한 0에 가깝게 하는 것인데, 이는 웰스가 붕괴할 때 기업에 주당 3백만 달러 손실이 추정된다는 점에서 중요한 우선순위다. GE 석유 가스 생산 관리 책임자인 밥 저지$^{Bob\ Judge}$가 다음과 같이 요약한 것처럼 말이다. "고객에게 고장 후 무엇을 고칠지 말해주기는 비교적 쉽습니다. 돈을 지불하기 전에 어떤 것을 고치라고 말하는 것이 마법 같은 일이지요."

알고리즘 '매직'

앞서 설명한 계산법으로 볼 때 지멘스는 매일 전 세계적으로 마법을 창조하고 있다. 강력한 알고리즘은 게르하르트 크레스가 2장에서 우리에게 처음 말했던 예측과 예방적 유지 보수 분석 뒤에 있다. 즉, 기업이 풍력 터빈, 교통 제어 장치, 의료 기기, 기관차 그리고 약 30만 개의 기타 연결 장치의 글로벌 네트워크를 유지할 수 있게 해준다.

지멘스 모빌리티의 데이터 서비스 부사장인 게르하르트는 고객을 대신해 철도 시스템의 에너지와 서비스 효율성에 중점을 두고 있다. 심지어 기관차를 임대만하고 지멘스가 관리하도록 전체 공급망과 서비스 생태계를 떠나는 고객들도 있는데, 사실상 지멘스가 자체 고객으로 만드는 것이다!

게르하르트는 부품 하나가 고장 났을 때 부품을 수리할지 아니면 교체할지, 공급망 최적화를 통해 필요한 부품을 적시에 확보하는 방법 등과 같은 질문에 답변하기 위해 데이터를 사용해 자신의 업무에 대해 다음과 같이 논의했다.

"예를 들어 고속 열차에는 기어박스^{gearboxes}가 있습니다. 모니터하기 까다로운 것들이죠. 몇 주 안에 고장이 발생할 것으로 예측할 수 있는 사례들이 있었습니다. 예비 부품을 제공하고 열차를 타거나 일정을 해치지 않고 수리하고 고객들에게 문제를 일으키지 않으며 작업할 수 있는 충분한 시간을 가졌습니다. 모든 것은 네트워크에서 통합 플랫폼, 즉 데이터 레이크에 연결돼 있습니다. 플랫폼은 데이터가 어디에 있는지 이해하고 데이터를 이동할 수 있으며 이리저리 섞을 수 있습니다. 우리는 부품 고장 진단예측 오류를 확인하고 실제 부품 고장을 명확하게 예측하는 데 도움이 되는 머신 러닝을 실시합니다. 이 비즈니스에는 실제 경보보다 많은 허위 경보가 있을 수 있습니다. 그래서 실제 경보를 식별하고 해결하는 것을 돕기 위해 작업 명령, 시리얼 넘버serial number, 열차와 서비스 데이터의 이력, 진단 데이터, 센서 데이터, 수리 프로세스repair processes, 공급망 데이터supply chain data를 살펴봅니다."

분석의 원동력이 돼야 하는 실제 영향과 고객 가치를 절대 놓치지 않는 방법을 이 책의 다른 곳에서 강조했다. 이러한 경우 정시 도착이 고객에게 얼마나 중요한지를 고려해 지멘스는 바르셀로나와 마드리드 사이의 고속노선이 2,000대의 열차 중 단 한 대만 5분 이상 지연되는 것을 경험할 정도로 신뢰를 얻도록 도왔다. 결국 항공사는 15분 이상 지연된 여행객에게 전액 환불해 줄 수 있다는 확신을 심어줬는데, 이는 탑승률을 크게 높인 커다란 차별화 요인이다.

의사 결정 개선을 위한 알고리즘 분석

이전 단계에서는 분석에 관한 분석AonA을 다뤘다. 특히 대규모 빅 데이터로 발생하는 노이즈에서 신호를 발생시키는 신호 탐지부터 관리하고 의사결정을 내릴 알고리즘이 필요한 단계에 있어 알고리즘이 올바른 결정을 내리도록 확실히 하기 위한 알고리즘 분석Analytics on Algorithms이라는 것이 필요하다. 간단히 말해 우리의 알고리즘이 잘못되기 시작하면 어떻게 되는가?

진실은 알고리즘이 완벽하지 않다는 것이다. 알고리즘은 어떤 비정상적이거나 변화하는 상황, 또는 올바른 데이터가 부족해 엉망이 되거나 멍청해질 수 있다. 환경과 거주지에 따라 조명, 난방을 비롯해 기타 홈 시스템을 변경하는 스마트 홈의 간단한 예를 생각해보라. 스마트 홈 시스템을 실행하는 알고리즘은 때때로 혼동될 수 있다. 말하자면 온도 조절기를 켜는 것과 실제로 집이 그 온도에 도달하는 것에 시간적 차이가 있을 수 있는 상황에서 혼란스러워질 수 있다. 날씨가 흐린 날이었겠지만 지금 밖은 날씨가 좋아지고 있고 창문으로 드는 햇빛은 난방의 속도를 높인다. 이러한 때 제어 의사 결정이 언더슈팅undershooting 또는 오버슈팅overshooting하는 알고리즘이 진동하는 것을 볼 수 있다.

7장 앞부분에서 개략적으로 설명한 시스템 접근 방식에 따라 우리는 실제로 이전 단계에서 사용했던 것과 같은 애자일 AonA 방법론을 적용하고 있었는데, 이제야 데이터 세트나 워크 플로우work flow 애플리케이션뿐만 아니라 전체 알고리즘에도 분석을 적용한다!

알고리즘 분석으로 알고리즘이 어떻게 작동하는지 살펴보고 우리가 원하는 방식으로 의사 결정을 내리도록 알고리즘을 훈련한다. 마치 우리 AonA 팀의 데이터 과학자들이 알고리즘과 지속적인 대화를 나누는 것 같다. ("이봐, 알고리즘, 넌 잘못된 방식으로 의사 결정하는 경향이 있거나 X보다 더 큰 데이터 세트를 다룰 때 잘못하는 거야. 그런 상황에서 의사 결정을 내릴 수 있는 더 좋은 방법이 여기 있다고.")

다시 말해 AonA 팀 구성원은 가능한 한 알고리즘이 자기 일에 최선의 작업을 수행하도록 돕는 가이드나 튜터 같은 존재다. 제대로 기능하는 알고리즘도 일정량의 훈련이 필요한데 처음 만들어져서 실행될 때는 특히 그렇다. 테슬라 오토파일럿Autopilot의 비유를 떠올려보라. 오토파일럿이 당신의 행동 방식을 학습하는 동안 기업이 당신에게 대부분의 운전을 하도록 촉구하는 시운전 기간break-in period이 있다.

이 외에도 항상 인간의 개입이 필요한 순간이 있을 것이다. 오토파일럿은 누락된 차선 마커와 불규칙한 회전이나 경사가 특징인 일부 교차로에서 난처할 수 있다. 시스템은 교차로 지점에 있을 때 누가 다음에 갈지를 의사 결정하고자 하는 다른 운전자 세 명과 함께 필요한 종류의 판단을 내릴 수 없다. 한편 자율 주행 택시는 적신호를 무시하고 달려 사고까지 난 것으로 알려져 있다. 엔터프라이즈 내 알고리즘 분석은 알고리즘이 스스로 실수를 저지르는 상황을 극복하도록 인간의 조정과 지침을 제공한다.

특히 인간이 쓸모없을 정도로 시스템을 재설계하고 개선하는 영화 터미네이터 스타일Terminator-style의 '스카이넷Skynet'이나 어떤 위협적인 '특이성singularity' 혹은 '강력한strong AI'의 등장을 우려하는 사람들에게 마음을 써야 한다. 7장에서 분명히 밝혔듯이 알고리즘은 실제로 인간이 절대 필적할 수 없는 방식으로 의사 결정을 모니터링하고 멀티태스크multitask할 수 있다. 그러나 이들은 비판적 개입과 전략적 의사 결정을 위해 인간 없이는 언제든지 그렇게 할 수 없을 것이다.

"알고리즘이 의사 결정 대부분을 차지하면서 새로운 시스템은 알고리즘을 훈련할 수 있는 매우 진보된 기술을 가진 사람들을 여전히 필요로 할 것입니다." 4장에서 처음 만났던 테라데이타의 기술 혁신 담당 부사장 야체크 베클라가 말했다. 야체크는 인간의 지속적인 역할이 그들만의 새로운 도전을 만들어낼 것이라고 주장했다.

"이런 사람들은 엄청난 힘을 갖추게 될 것이고, 그 자체로 완전히 새로운 종류의 문제를 만들어낼 것입니다." 야체크가 설명했다. "알고리즘 훈련 시 안전과 심지어 생사의 의사 결정을 내릴 수 있도록 알고리즘을 설정하는 방법에 대한 보안과 윤리에 대해 많은 책임을 지게 됩니다." 야체크는 여전히 가상으로, 다행히도 다수의 사망자가 발생할 수 있는 구경꾼들 대신 운전자가 죽을 수도 있는 벽돌담에 부딪힐지를 결정해야 할지도 모르는 자율 주행차의 시나리오를 제시했다.

"오늘날 이 책임에 근접한 직무 기술은 군사 지휘관이나 한 국가의 대통령을 제외하고는 없습니다. 하지만 그런 종류의 막중한 책임은 곧 고급 데이터 과학자들의 견해에 있을 것입니다." 야체크는 요약했다. "미지의 영역이지만 상황이 그 방향으로 가고 있고 이 새로운 종류의 문제를 어떻게 다룰지 알아내야 할 것입니다."

홈스트레치에 대한 센티언스에 이르는 알고리즘 결합하기

알고리즘 구축에 능숙해지면서 자율 의사 결정 역량이 향상되는 것을 볼 수 있다. 그리고 엔터프라이즈 전체 알고리즘 인텔리전스를 공유하고 최적화하는 것을 배우면서 엔터프라이즈가 '센티언트'가 되는 진정한 변곡점에 접근하도록 시스템과 다른 시스템을 연결해 다양한 알고리즘이 함께 작동되게 하는 데 더 능숙해졌다.

이러한 수준은 조직이 본질을 자각하는 지점이며 한 손이 다른 한 손의 행동을 알 수 있다. 하나의 유기체처럼 상태를 감지하고 추세, 예측, 의사 결정, 전략에 능동적으로 대처할 수 있는 수준이다. 이 과정에서 당신은 책에서 언급했던 이전의 장애물을 빠르게 지나친다.

직원들은 근무 시간의 90%를 데이터를 꼼꼼히 살피는 데 시간을 낭비하지 않아도 되며, 자신들 시간의 10%만 의사 결정에 사용함으로써 비율은 역전됐다. 도표를 보거나 데이터 세트를 검사할 때 패턴을 식별할 수 있는 것은 더는 인간의 전유물이 아니다. 우리의 분석 시스템은 이제 패턴의 변화를 볼 수 있고 데이터의 이상 징후를 발견하고 예외를 찾아내며 쉬운 의사 결정을 하고 인간이 처리할 수 있는 가장 관련성 높은 정보와 함께 더 중요한 의사 결정을 할 수 있다.

CFO가 팀의 5% 수익 감소에 대해, 혹은 그 숫자가 정확한지 아닌지도 설명을 시작하지 못했기에 4분기 실적 요청을 준비하는 통신에 대해 2장에서 공유했던 답답한 이야기를 돌이켜보라. 오프닝 스토리를 다시 살펴보고 이것이 센티언트 엔터프라이즈라면 어떻게 상황이 달라질 수 있을지 알아보자.

센티언트 엔터프라이즈에서 CFO는 결국 매출 감소로 이어지는 초기 이벤트를 놓치지 않는다. 1단계부터 5단계까지 구축한 구성 요소는 엔터프라이즈가 프로세스의 업스트림upstream 원인을 분리하는 데 도움을 주고 있다. 이는 작은 파도가 문제들과 혼란스러운 질문들의 쓰나미가 되기 전에 이 문제를 완화할 수 있게 해준다.

4분기 실적 요청이 나오기 훨씬 전인 1분기로 돌아가서 소비자 만족도 지수 앱은 비즈니스 분석팀에 고객 감성이 부정적으로 변한다고 경고했다. 분석가들은 느슨하게 연결돼 있으면서 연결되지 않은 데이터에서 정보를 끌어내기 위해 다음과 같은 질문을 협업 플랫폼collaboration platform에 입력한다. "최근 30일 동안 계약 해지가 가장 많은 곳은 어디인가?", "계약 해지 전에 고객이 택한 다양한 경로는 무엇인가?"

팀은 분석 결과를 협업 아이디에이션 플랫폼에 게시하고 이면에 무엇이 있는지에 대한 아이디어를 가진 사람이 있는지 묻는다. 세계 각지의 다른 팀들과 사무실의 분석가와 엔지니어들은 자신의 조사 결과를 보고하고 게시한다. 어떤 사람은 기업에 건 전화가 끊긴 것에 대한 고객 불만의 이력이 있는 미국 여러 도시 경쟁사의 할인 쿠폰 프로그램을 둘러싸고 소셜미디어 채팅을 언급한다. 또한 수익 감소가 있는 데이터를 대조해 검사하고 강한 연관성을 본다.

분석가들은 다른 모든 가능성(이것이 실제로 겨울 날씨에 대한 가능성이 있는지를 포함)의 순위를 매기고 경쟁사 할인 프로그램을 검증해야 할 첫 번째 가설로 정한다. 분석가들은 마케팅 부서와 협업해 지난 15일 동안 전화 서비스에 불만을 표시하고 경쟁사의 할인 쿠폰 캠페인에 노출된 고객에게 타깃 이메일 캠페인을 만든다.

캠페인은 85%의 고객을 단골로 유지하는 데 성공하고 마케팅 부서는 이를 광범위하게 전개했다. 날씨가 좋든 나쁘든 고객들은 여전히 곁에 있을 것이라고 확신할 수 있다고 밝혀졌다. 그해 4분기 실적이 나오면 매출과 수익 양쪽 모두 크게 상승하고 기업의 주식은 상승세로 돌아선다. 위기를 모면했다.

2장에서 제시한 그다지 심하지 않은 가설의 골칫거리와는 전혀 다른 결과다! 두 이야기는 반응을 보이는 기업으로부터 위협과 기회가 명백해지기 훨씬 전에 사전 예방적이고 알고리즘이 주도된 엔터프라이즈로 이동하는 것에 대한 이점을 보여준다.

궁극적 리트머스 테스트로서의 애자일리티

센티언트 엔터프라이즈 역량 성숙도 모델의 다섯 단계를 성공적으로 통과했다면 우리가 원하는 대로 쓸 수 있는 데이터의 폭과 깊이에 대해 더 나은 이해를 바탕으로 더욱 전략적인 의사 결정을 내릴 수 있는 엔터프라이즈를 가져야 한다. 단순히 데이터에 무엇을 해야 하는지 말하는 대신, 마침내 데이터가 더 많은 대화를 하게 할 수 있다.

그러나 모든 기업은 다르다. 단계를 통과하는 당신만의 특별한 여정은 고유의 봉우리와 계곡들, 기회와 도전이라는 풍경을 갖게 될 것이다. 이러한 이유로 8장은 당신만의 코스를 도표로 만드는 일종의 도구 키트로 구성했다. 조직에서 5단계 접근 방식을 시행하고자 할 때 발생할 수 있는 문제와 역학의 모듈식 목록이다. 이 책의 개념을 실제 비즈니스 환경에 적용한다면 1단계에서 우리가 시작했던 만트라(진언)를 기억하고 데이터에 애자일리티를 제공하는 인력과 프로세스 그리고 기술을 조정하라.

이 책에 명시된 구체적 해답이 없는 기업의 수많은 특정 상황과 도전에 직면하는 것은 의심할 여지가 없다. 이러한 상황에서 궁극적인 리트머스 테스트litmus test는 우리가 엔터프라이즈를 확장하면서 애자일을 유지하느냐 하는 것임을 기억하라. 낭신이 하는 모든 작업은 애자일리티를 발휘해야 한다. 애자일리티를 확립하고 구축하며 증폭시키는 것이다. 중간에 애자일리티를 떨어뜨리는 어떤 일이 생긴다면 뭔가 잘못된 것이다. 애자일리티만큼 중요한 것은 없다.

CHAPTER 8

센티언스 실행

센티언트 엔터프라이즈 여정의 단계를 통과해 걸어온 지금, 이 접근 방식이 어떻게 분석 아키텍처를 확장해 더 크고 더 자율적이며 더 애자일하게 성장하는 여러 유형의 기업에 광범위하게 적용되도록 설계됐는지 볼 수 있다. 그러나 광범위한 적용 가능성의 이면에는 역량 성숙도 모델을 구현하는 정해진 방법이 없다는 것이다. 게다가 완벽하게 순차적이지도 않다.

서문에서 강조했듯이 조직 구조와 비즈니스 요구에 따라 서로 다른 주제를 동시에, 혹은 순서를 벗어나도 수용할 수 있다. 그리고 어떻게 정리하든 당신이 순전히 해야 할 일의 범위가 벅찰 수 있다. 사실 센티언트 엔터프라이즈 여정과 그에 관련된 모든 이야기를 세미나에서 들은 후에, 한 대기업의 당황한 임원은 우리를 붙들고 자신이 마치 해수면에서 에베레스트산을 올려다보는 것 같았다고 말했다.

그녀가 좋은 지적을 했고 우리의 대답은 에베레스트산조차 점진적이고 단계적으로 등정한다는 것이었다. 실제로 에베레스트는 도중에 한 개의 베이스캠프base camp와 네 개의 주요 캠프가 있는 정상까지 열두 개 이상의 경로가 있다. 센티언트 엔터프라이즈 등정도 단계적으로 보면 된다. 난처해하는 임원은 이미 산을 잘 오르고 있는 사람들에게서 용기를 얻을 수 있다. "출발 지점을 보면 매우 어려워 보입니다." 지멘스 모빌리티의 게르하르트 크레스가 말했다. "당신이 할 수 있는 유일한 것은 어딘가에 뛰어들어 시작하는 것뿐입니다."

무엇보다도 센티언트 엔터프라이즈를 만들려면 직원 편람이나 일반적인 전략 계획에서 포착할 수 있는 것보다 훨씬 다양한 변화 관리가 필요하다. 당신의 일은 인정받는 기업에서 전체 문화의 변혁을 실천하는 것이며 기존의 IT 정책을 극복하는 일이다. 이미 우리는 전 세계 컨퍼런스와 기업에서 이 여정을 설명하기 위해 사용하는 '스테로이드에 대한 변화 관리change management on steroids'라는 약칭을 공유해왔다. 이것을 설명하는 다른 간단한 방법은 하나도 없다.

우리는 센티언스에 이르는 길을 단 하나로 규정하지 않을 것이다. 모든 기업이 다르고 미래에 대한 자기만의 역사, 문화, 운영, 도전 그리고 목표에 대한 여정을 고유하게 조정해야 하기 때문이다. 그렇다고 해도 이 여정을 따라 대부분 기업이 직면하게 될 매우 일반적이고 실용적으로 고려해야 할 사항을 보여줄 수는 있다.

8장은 이러한 목적을 위해 구현 과정에서 명심해야 할 몇 가지 중요하고 상호 연관된 우선순위를 안내하는 일종의 가이드 투어로 구성했다. 조직의 분석 역량을 센티언스와 성숙으로 이끄는 주요한 이정표들이다.

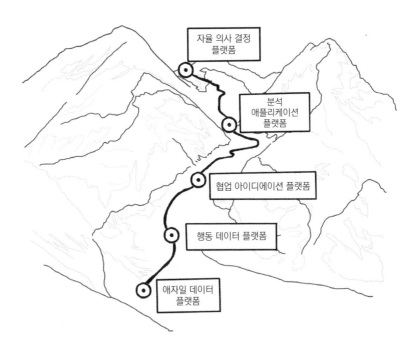

나쁜 점들까지 모두, 올바른 질문을 하라

진정한 진전을 이루는 것은 현재 자신이 어디에 있는지 솔직하게 평가하는 것에서 시작된다. 솔직히 말하면 이러한 인식의 순간은 믿을 수 없을 정도로 불편할 수 있다. 센티언트 엔터프라이즈에 관한 이야기를 방 안을 꽉 채운 기업 임원들에게 하면 변함없이 우리에게 접근하게 된다. 그 후엔 말 그대로 충격에 빠진 사람들이 "이런, 우리는 너무 뒤처져 있습니다. 어디서부터 시작해야 하나요?"와 같은 말을 한다. 우리는 질문에 대해 도전을 깨닫는 것으로 이미 시작했다는 답변을 한다. 다음 단계는 당신의 사업에 대해 솔직하고 정직한 질문을 하는 것이다.

애자일리티에 있어 사일로와 장애물은 어디에 있는가? 데이터 복제에 관련된 정책은 무엇인가? 우리의 자금은 새로운 기회에 대한 혁신과 적응을 위해 구성돼 있는가? 데이터 전문가를 어떻게 채용하고 훈련하고 관리하며 유지해야 하는가? 이러한 질문은 상황을 더 바람직한 방향으로 바꾸기 위한 중요한 첫걸음인 '나쁜 점들까지 모두warts and all'의 체크 리스트에 포함해야 할 것들이다.

짐작하겠지만 기업 안에서만 수행할 때 한 가지에 골몰하는 것은 보통 잘되지 않는다. 그래서 애자일리티 검사audit 수행을 권한다. 이런 종류의 조직 검토는 기업에 편견이나 정치적 유대가 없는 외부 당사자가 수행하는 것이 분석 작업과 프로세스가 현재 얼마나 애자일한지에 대해 독립적인 기준 평가를 수립하는 데 효과적이다. 이 검사는 프레젠테이션, 트레이닝, 애자일을 향한 조치를 포함하는 변화에 대한 로드맵과 같은 부수적인 결과 자료와 함께 철저하면서 전사적으로 이뤄져야 한다.

적절한 애자일리티 감사는 해결해야 할 현안에 있어 항목화되고 우선순위가 매겨진 백로그backlog1가 특징이다. 목록에는 구현에 몇 달 혹은 몇 년을 요구할 수도 있는 광범위한 전환과 함께 초기 승리인 빠르고 상당히 쉽게 만들어질 수 있는 변화가 포함돼야 한다. 전체 프로세스로 당신의 기업은 애자일한 관행과 영역을 사회화하고 확장하며 애자일리티가 뒤처지는 영역을 개선할 수 있다.

애자일 전략 계획은 모순이 아니다

비즈니스 스쿨에서 수년간 배운 많이 확립된 전략적 계획 접근 방식은 오늘날에도 관련성이 있는 아주 좋은 방법이다. 예를 들어 목표를 정의하고 방향을 설정하며 전략을 추구하기 위해 자원 할당의 결정을 내리는 것은 항상 의미가 있다. 시장 환경에 경쟁하고 적응할 때 계획된 이벤트와 새로운 이벤트 모두의 결과를 측정하고 유연성을 갖는 것도 좋은 생각이다.

그러나 빅 데이터는 전략적 계획이라는 모든 관념을 뒤엎고 어떻게 추진해야 하는지 타이밍이라는 한 가지 요소로 변화시켰다. 기술은 일부 산업이 3주간 제품 출시 주기로 운영되는 지점까지 기업 생산을 가속화하는 데 도움을 줬다. 이처럼 빠르게 진행되고 데이터가 강화된 빠른 자원 공급과 행동의 세계에서 모든 전략적 계획이 오늘날의 세계에서는 적용되지 않는 장기적 워터폴 방법론에 의존하면서 2년 또는 3년의 리듬으로 이뤄진다는 것은 말이 안 된다.

3장에서 논의했듯이 워터폴 방법론은 단계별 접근 방식으로 최종 결과가 무엇이 될지 명확한 그림이 있고 완성을 위한 시간이 큰 문제가 되지 않을

---

1 기업에서 정보 시스템 개발 계획을 수립했지만 우선 개발해야 하는 다른 시스템으로 인해 개발을 보류한 시스템 - 옮긴이

때 적합하다. 그러나 오늘날 경쟁 시장에서 분석이 해야 할 역할을 고려할 때 두 가지 조건만으로는 재고할 가치가 없다. 그런데도 대부분 기업은 덜 애자일했던 시대의 낡은 워터폴 전술을 고수한다. 이는 미미한 제품 개선과 이제는 더 과감하고 파괴적인 개선이 현재 경쟁 우위에 있음을 이해하는 경쟁사에 비해 취약해지는 원인 중 하나가 될 것이다.

전략 계획 프로세스는 이러한 현실을 인식해야 하며 센티언트 엔터프라이즈 여정에서는 보다 애자일하고 기회 중심의 프레임워크로 업데이트해야 한다. 예를 들어 금융 옵션의 작동 방식이나 영화 스튜디오가 몇 가지 노력이 큰 성과를 바라면서 전략적으로 많은 제작에 동시 자금을 조달하는지 생각해보라. 유사하게 애자일 방식으로 전략적 투자를 위해 기업을 주도해야 한다.

이와 함께 대기업이 되는 데서 오는 기본적인 금융 현실을 무시할 수 없다. 특히 상장 기업이라면 엄격한 연간 및 분기별 예산 편성 프로세스는 현실이다. 애자일리티를 아무리 많이 지지한다고 해도 현실을 바꿀 수 없다. 타협은 가능하다. 동시에 또는 빠르게 연속적으로 발생하는 소수의 단기 프로젝트를 지원하는 유연한 할당 모델flexible allocation model을 내부적으로 제공하는 특징으로 연간 또는 분기별 자금 지원 프로그램을 지정하는 것을 고려해보라.

이러한 스프린트sprint는 프로그램이나 프로젝트 관리자가 순 현재 가치와 투자 수익률ROI과 수익성에 관한 다른 실시간 스냅샷 같은 측정값을 사용해 좀 더 짧게 늘어난, 말하자면 1~2주 단위로 진행 상황을 추적할 수 있는 시범적 노력일 수 있다. 다음 제안에 들어맞는 애자일하고 기회 중심적인 접근 방식이다. 분석팀은 마치 기업 내 벤처 지원 기업가 팀처럼 보고 있다.

많은 것이 필요 없고 스타트업 사고방식을 채택하라

스타트업은 기민하기 쉽다. 기민함은 새롭고 작고 결과에 굶주릴 때 주어진다. 그러나 대규모 엔터프라이즈는 비대해진 절차, 레거시 시스템, 고정 자금 조달, 인력 문제, 애자일리티에 대한 다른 장벽에 빠질 수 있다.

우리의 조언은 애자일리티를 추구할 때 한 번에 기업 전체를 장악해 '바다 전체를 한꺼번에 끓이려는 듯이'boil the ocean'하지 말라는 것이다. 우리 앞에는 엄청난 도전이 있지만 조금씩 단계를 밟을 수 있다. 이를 수행하는 방법은 자신과 자신의 분석팀을 기업 내 일종의 벤처 캐피털 기반 스타트업 팀으로 생각하기 시작하는 것이다.

우리가 의미하는 바는 다음과 같다. 기업 전체를 한 번에 고치려고 하는 대신, 비즈니스 문제가 발생하는 핵심 영역 한두 개를 선택해 현재 진행 중인 특정 분석 솔루션에 적합한 솔루션이 되게 해보라. 당신의 해결책을 절실히 원하고, 직원회의, 예산 회의 그리고 필요한 다른 곳에서 기꺼이 검증자 역할을 할 수 있는 문제에 충분히 가까운 파트너를 찾아라. 초기 애자일리티 영역의 범위를 제한할수록 성공을 더 빨리 확장해 가장 잘 작동하는 것을 보여줄 수 있다.

기업 내 목표 지향적이고 가치 중심적인 전략적 참여가 스타트업이다. 실제 세계에서 운영되는 방식과 비슷하다면 바로 그 점이 핵심이다! 사실 사업상 문제가 기업 내에서 일종의 벤처 포트폴리오를 구성하는 내부 분과나 부서로 6장에서 우리가 언급했던 '등대 고객lighthouse customers'으로서 내부 파트너를 보도록 하라. 이러한 애자일리티 영역에 집중하고 마일스톤milestones의 성공에 초점을 맞춰라. 단기성과 지표를 사용해 초기 승리나 위험을 찾아내고 어떤 프로젝트를 강조하고 계속 추진하거나 조정 또는 포기할지 알 수 있다.

타임라인에 관해서는 한 달, 어쩌면 두 달 동안 한두 가지 일에 집중하는 매처럼 '빠르게 실패하고 빠르게 회복하기^(fail fast, recover fast)' 접근법으로 압축한 다음, 무엇이 효과가 있고 무엇이 그렇지 않은지에 대한 세밀한 이해를 바탕으로 접근 방식을 조정하라. 1년 혹은 그 이상에 걸쳐 많은 결과를 모니터링하려고 노력하는 것보다 훨씬 낫다. 실제로 가능한 범위와 시간대를 중심으로 자연적 제한이 있는 비즈니스 문제를 찾아보라. 새로운 접근 방식을 개선하거나 시험하고자 하는 기존 분석 리더에게도 좋은 조언이다.

예를 들어 버라이즌 와이어리스는 선불 부문의 고객 이탈에 대한 더 나은 예측 모델링을 위한 개념 증명을 탑재했다. 목표는 행동을 조사하고 어떤 고객을 가장 적극적으로 보유 대상으로 삼을지 결정하는 것이었다. 버라이즌은 선불 잔액이 0을 기록한 후 30일에서 60일 사이의 기간에 중점을 뒀으며 고객이 계정 충전을 결정하는 경우를 대비해 기업은 전화번호를 유지한다. 선불 고객만을 위한 기본 제공 제한은 번호를 공개하기 전 30일에서 60일 이내에 입력되는 것으로 기업에 새로운 (그리고 궁극적으로 성공적인) 분석 접근 방식에 초점을 맞추고 추진하는 것을 돕는 자연스러운 윤곽선 역할을 했다.

가치를 입증할 적합한 내부 파트너를 선택하라

사내 파트너 선택이 정확하게 과학적 방법이라고 하기는 어렵지만 나름 몇 가지 지침을 따를 수 있다. 마케팅 같은 특정 운영은 피드백 루프가 내장돼 있으므로 빠르고 점진적으로 작동하는 경향이 있다. 마케팅 캠페인은 짧은 주기로 진행되고 설문 조사와 소셜 미디어 또는 다른 채널을 통해 종종 진행 상황을 측정하는 경향이 있다.

이러한 운영은 분석 접근 방식의 애자일한 운율^{cadence}과 일치하는 경향이 있기에 파일럿 프로젝트에 적합한 후보가 될 수 있다. 기업의 재무와 같은 다른 부분들은 장기적 주기와 측정에 더 묶일 수 있으므로 조기 승리에 대한 전망이 더욱 어려워질 것이다.

같은 종류의 운영은 때때로 비즈니스 상황에 따라 적합성에 차이를 보인다. 예를 들어 공급망 운영 속도는 저스트인타임^{justin-time} 2 부품 공급 제조나 전자상거래상 애자일 분석에 있어 무르익을 수 있다. 정부 기관의 공급망 운영 같은 다른 상황은 벤처 접근 방식을 분석에 적용하기 위해 추가 노력을 기울일 수 있다.

처음부터 끝까지 파트너 부서의 전문성을 존중하라. 안에 들어오지 않고 작업하는 방법을 말하라. 애자일 분석에 관한 철학과 프레임워크를 공유하고 이러한 접근 방식이 그들에게 어떻게 효과가 있는지 보여주는 것이 목표인 솔루션 제공자로서 업무는 더 중요할 것이다. 성공을 거둘 때 더 큰 프로젝트를 찾거나 성공적인 노력으로부터 팀원들을 기업 내 어딘가 다른 곳에서 또 하나의 파일럿 프로젝트를 준비 중인 다른 팀에 투입함으로써 기업 전체에 입소문이 나게 하라.

애자일 프로젝트 관리 전략을 수용하라

사용자들이 데이터에 액세스하고 시각화하거나 의사 결정하는 데 애자일 하도록 돕는 일종의 프레임워크로서 플랫폼을 사용하는 것에 관해 오랫동안 이야기했다. 그러나 분석팀은 이러한 아키텍처를 먼저 구축하기 위해 그들만의 애자일 프레임워크가 필요하다. 빅 데이터는 우리가 애자일리티

---

2 고객의 니즈를 최대한 반영해 낭비를 최소화하는 경영 방식 − 옮긴이

를 어떻게 구상할 것인지에 대한 방법뿐만 아니라, 데이터 아키텍처를 구조화하고 구축할 때 실제 일상적인 조건으로 수행하는 방식에 근본적 변화가 필요하다.

많은 조직이 애자일리티를 이야기하지만 적절한 전략적 방법론이 있는 것은 아니다. 다행히도 3장에서 언급했듯이 스크럼과 같은 애자일 프로젝트 관리 플랫폼은 이미 나와 있다. 그리고 6장에서 논의했듯이 데브옵스의 전체 개념은 분석 작업 흐름과 애플리케이션 개발의 애자일리티와 반복성을 혁신적으로 변화시키고 있다.

제품 개발에 있어 워터폴과 다른 전통적이며 순차적 접근 방식에 도전하는 반복적이고 점진적인 방법론을 수용하라. 팀들이 모든 팀 구성원 간에 자주 (대개 매일) 대면 커뮤니케이션을 통해 물리적인 배치나 긴밀한 온라인 협업으로 자체 조직화할 수 있게 하라.

우수 사례를 공유하고 트레이닝을 받거나 인증을 얻기 위해 사용자 그룹에 의존하라. 그러한 그룹 중 하나인 스크럼 얼라이언스Scrum Alliance는 다음과 같이 요약한다. "당신이 마지막으로 '협업적이고 분별 있으며 즐거운 collaborative, sane and enjoyable'을 '사업 목표business goals'와 같은 문장에 넣었을 때가 언제였는가? 이미 스크럼을 사용하지 않는 한 기억할 수 없을지도 모르지만 스크럼을 사용하면 다시 일을 즐길 수 있다!" 애자일 프로젝트 관리는 팀이 신속하게 전달하고 최근 생겨난 요구에 대응하는 팀의 능력을 극대화함으로써 팀 경험뿐만 아니라 작업 산출물까지도 개선한다.

동시성을 수용하고, 확장성을 보장하라

직원 수가 적고 비전 있는 스타트업이라면 애자일하기가 쉽다. 많은 직원과 레거시 시스템, 그리고 애자일 문화가 아닌 굳어진 문화를 가진 대기업이라면 어떨까? 데이터 양이 규모적으로 급속히 확장되는 상황에서 통찰력을 유지해야 한다.

애자일 방법론이 규모에 맞게 분석할 능력이 없다면 그다지 좋지 않다. 문서화, 제품 관리, 공급망, 고객 만족도, 품질 관리, 혹은 여러 가지 엔터프라이즈 활동에 대해 말하든 그렇지 않든 간에 이는 사실이다. 비즈니스를 성장시키는 곳마다 빅 데이터를 규모에 맞게 지원하는 기술과 인프라를 둘 다 갖고 있다. 그렇지 않으면 통찰력은 눈에 띄지 않게 떠돌아다녀 더 큰 데이터 스트림에 투자하는 것이다.

단연코 지금까지 가장 큰 확장성 도전 중 하나는 동시성^{concurrency}에 관한 것이다. 즉, 오늘날의 대규모 엔터프라이즈가 동시에 많은 일을 수행해야 한다는 것이다. 오늘날 주요 국제 은행이 확인된 모든 고객에게 180억 개 이상의 이벤트를 가질 방법을 생각해보라. 특히 사기 방지 같은 복잡한 문제들로 텔러^{teller} 상호 작용, 온라인 송금, 콜센터와 이메일 트래픽^{traffic}, ATM 방문, 계좌 취소 및 기타 발생하는 수십만 건의 이벤트가 동시 처리돼야 할 수 있다. 이와 같은 사용 사례에서 시스템과 사용자가 모든 정보를 실시간으로 탐색할 수 있다면 큰 이득이 될 것이다. 그러나 동시성이 없다면 검색팀과 도구는 선형 모드로 고정된다.

적절한 자금이 있을 때도 지나치게 많은 조직 시스템과 프로세스가 조정되지 않는 방식으로 계속 구축된다. 결과적으로 초래되는 불일치는 아우토반^{Autobahn}에서 고가의 새로운 스포츠카를 1단 기어 상태로 운전하는 것과 같은 느낌일 수 있다. 매우 실망스럽고 그리 멀리 가지도 못하는 경험에 많은 돈을 지급했다는 것이다.

원활하고 반복 가능한 거버넌스를 설계하라

확장성은 또한 거버넌스가 데이터 분석 시스템과 아키텍처에 거버넌스를 조기에 원활하게 구축해야 한다는 우리의 주장을 뒷받침한다. 버전 제어에 대한 6장의 간단한 비유를 회상해보라. 문서를 작성할 때 마이크로소프트 워드는 초안을 작성하거나 동료 한두 명과 추적된 변경 사항을 공유할 때 매우 좋은 플랫폼이지만 더 많은 사람이 작업에 참여한다면 프로세스가 다루기 힘들고 복잡해질 수 있다. 반면 구글 닥스는 기여자가 많아도 버전 제어를 자동으로 손쉽게 관리한다.

6장에서처럼 분석 애플리케이션을 구축할 때는 거버넌스와 문서가 원활해야 한다. 거버넌스에 대한 궁극적 테스트는 최종 사용자가 경험하는 것이 원활하고 쉬웠는지다. 거버넌스가 반복할 수 있고 번거롭지 않아 규모에 맞게 유지해야 한다는 것을 의미한다.

또 다른 예로 우버 시대 이전과 이후의 택시 상환을 고려해보라. 대규모 엔터프라이즈의 상환 사무소는 종이 영수증(또는 종이 영수증 스캔)으로 눈코 뜰 새 없이 바쁠 수 있다. 혹은 사람들이 인터넷 기반의 탑승 요구 서비스를 이용할 때 온라인으로 우버의 자동 문서화로 서류 처리가 번거롭지 않게 유지될 수도 있다.

빠른 작업 속도, 빠른 성능 저하, 빠른 확장 속도로 최적화하라

계층화된 데이터 아키텍처인 분석용 링크드인과 관련 플랫폼을 통해 데이터 관련 협업을 최적화하는 방법을 보여줬다. 그러나 궁극적으로 협업은 사람들 간에 일어나므로 센티언트 엔터프라이즈 구현은 조직에서 일하는 사람들에게 세심한 주의를 기울이지 않고는 한낱 꿈에 불과하다는 것을 의미한다.

새로운 인재를 채용할 때는 재능 있고 자기 주도적인 기술자를 찾고, 이력서에서 사람들이 주장할 수 있는 것 이상의 증거를 찾아라. 어떤 기업은 분석에 대한 진보적 접근 방식으로 유명하므로 해당 기관에서 오는 지원자에게 특별히 주의를 기울여야 한다. 특히 성공적인 클라우드 기업은 인재 확보의 좋은 원천이다. 6장에서 배웠던 것처럼 클라우드는 애자일리티, 새로운 도구, 그리고 인력 확장 없이 제품과 서비스 규모를 확장하는 방법을 찾는 것에 대한 모든 것이다. 그러므로 그 배경에서 온 사람들을 찾아보라.

지원자나 다른 코드 저장소를 조사할 때 깃허브를 방문해 후보자가 흥미로운 프로젝트나 기술적 도전을 직접 게시했는지 확인해 보라. 아무것도 찾지 못한다면 후보자에게 면접 절차의 일환으로 진행해 달라고 요청하라. "깃허브가 무엇입니까?" 혹은 "내가 왜 그것을 해야 합니까?"라고 묻는다면 다음 후보로 넘어가야 할 차례다.

그렇다고 신입 사원에게 지나치게 집중하지는 말라. 필요한 곳에 인력을 배치하는 것은 새로운 마음이라기보다 새로운 사고방식이다. 혁신을 위해 필요한 인력과 기술에 집중하라. 그러한 사람 중 많은 사람이 이미 당신의 기업에 있고 변화를 이끌거나 지지할 기회를 기다리고 있을 가능성이 있다.

"중요한 건 문화다"

앞서 언급한 전략 모두 전반적인 문화 변화를 염두에 두고 실행해야 한다. 협업 정신과 이를 홍보하고 보호하는 방법에 관해 많은 이야기를 나눴다. 직원들은 직관, 감정, 일화에 근거한 결정에 지나치게 의존하지 않고 데이터를 신뢰하기 시작하도록 훈련받아야 한다. 직관이 아이디어에 좋긴 하지만 데이터야말로 실제 증거다.

"원하는 만큼 빠르게 바늘을 옮기는 데 있어 직면하는 가장 큰 과제 중 하나는 데이터를 이해하고 모델을 구축하는 적임자를 찾는 것으로 매우 독특한 기술 세트입니다." 델의 제니퍼 펠치는 말했다. "가장 놀라운 기술을 보유할 수 있지만, 데이터 정의와 수학의 의미 그리고 분포를 처리하는 방법에 매우 익숙한 사람도 필요합니다. 우리의 과제는 '모든 데이터가 있는 것은 아니다'라는 것이었습니다. 이제 '데이터는 있지만 이를 이해하고 의미가 통하도록 하는 기술을 지닌 사람이 필요'합니다."

데이터 중심의 의사 결정은 현재 일어나고 있다고 느끼거나 생각하는 것에 너무 많이 의존하는 것을 멈추게 할 수 있다. 또한 직원들은 어떤 지표가 비즈니스에 얼마나 중요한지, 데이터에 의해 주도돼야 하는 의사 결정, 그리고 가장 전략적인 의사 결정을 가능하게 하는 알고리즘을 활용하는 방법을 이해할 필요가 있다. 여기에는 상관관계가 있어 보이는 데이터들과 관련된 비즈니스 상황을 파악하는 것이 포함된다.

애자일은 당신이 하는 것이 아니라 당신이 되는 것이라고 말해 왔다. 이를 염두에 두고 직원들과 소통하고 기업 회의를 진행하는 방법부터 팀을 구성하고 캠페인을 운영하는 방법까지 모든 차례에 애자일리티를 높일 수 있는 탄탄한 시스템을 확실히 갖춰라. 유명한 경영 컨설턴트이자 이론가인 피터 드러커Peter Drucker가 "문화는 아침 식사로 전략을 먹는다"라고 말한 것처럼 위험을 무릅 쓰고 기업 문화를 무시하라.

결론

다섯 단계 센티언트 엔터프라이즈 역량 성숙도 모델로 여정을 마무리하면서 기업의 모든 집중적 업무가 변화무쌍하고 데이터 집약적인 환경에서 살아남는 데 필요한 방향으로 조직을 이끄는 선구자로서 어떻게 당신이 길잡이가 되도록 도울 것인지에 대해 좀 더 많은 관점을 남기고 싶다. 결국 이 책은 비즈니스 관련 책이다. 혁신만이 아니라 경쟁 우위에 관해 이야기하고 있다!

데이터 인간 공학: 인간 데이터 상호 작용의 재정립

단순한 진실은 향후 5년 또는 10년 이상 버티길 원하는 기업은 곳곳에서 일어나는 데이터의 홍수를 반드시 활용해야만 직원들이 익사하는 것을 막고 번창할 수 있다는 것이다. 센티언트 엔터프라이즈의 많은 부분이 인간 데이터 상호 작용을 최적화하는 가운데 모든 직원이 데이터 관리를 위해 새로운 방법을 찾도록 돕는 리소스와 기술에 관한 것이다.

이 과정에서 현대 직장이 점점 데이터에 의해 정의됨에 따라 인간 생산성, 즉 인체 공학을 위한 리더십 모델의 발전을 희망해왔다(인체 공학이라는 용어는 워크work의 그리스 단어 에르곤ergon에서 유래됐다). 이것은 제2차 세계 대전과 산업적 국가 동원이 전장에서 기계를 조작하는 공장 노동자와 군인 모두에게 부과됐던 엄청난 속도에 대응해 생겨난 과학적 학문이다.

인간 공학은 생산성을 높이고 노동자를 보호하며 심지어 생명을 구할 수도 있다. 일부 항공 사고는 콘솔 설계 결함으로 인한 것이고, 1979년 쓰리마일 아일랜드Three Mile Island 원자력 사고에 대한 조사는 형편없이 설계된 제어실 계측에 부분적으로 책임이 있다고 제기했다. 디지털 시대의 도래로 새로운 인체 공학은 그래픽 사용자 인터페이스 디자인 같은 것에 중점을 두고 오늘날 다음과 같이 질문하는 한계에 이르렀다. 인간은 어떻게 데이터 자체와 가장 잘 상호 작용해야 하는가?

인간 구성 요소를 다루는 센티언트 엔터프라이즈 일부가 이 질문에 답하는 데 도움 되기를 바란다. 링크드인과 페이스북 스타일 소셜 미디어 컨벤션이 있는 5장의 협업 아이디에이션 플랫폼에서 배웠던 것처럼 아이디어와 프로젝트, 그리고 사람들이 팔로우하고 좋아하고 공유하는지 등을 조직이 이해하도록 돕기 위해 우리가 사회적인 모든 것에서 빌릴수록 우리의 운영과 인터페이스를 사람이 이미 생각하고 행동하는 방식으로 향하게한다. 데이터와 분석에 관한 인간 공학의 개념을 구현하는 더 좋은 방법은무엇인가?

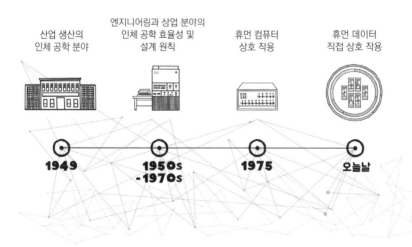

| 산업 생산의 인체 공학 분야 | 엔지니어링과 상업 분야의 인체 공학 효율성 및 설계 원칙 | 휴먼 컴퓨터 상호 작용 | 휴먼 데이터 직접 상호 작용 |

1949   1950s -1970s   1975   오늘날

예를 들어 사회와 게임화gamification 요소는 메타데이터 관리부터 노동자의 만족과 창의력에 이르는 모든 것을 향상하는 데 도움을 주고 있다. 우리는 또한 어떤 시각화가 잘 작동하는지 그리고 의사 결정을 위한 정보를 가능한 한 가장 효율적인 방법으로 어떻게 준비해야 하는지를 배우고 있다. 이것들은 기업이 끊임없이 성장하는 빅 데이터 세계에 발맞추기 위해 통달해야만 하는 일종의 성패를 좌우하는 기술이다.

빅 데이터와 컴퓨팅 파워computing power 전부를 구성하는 유일한 방법은 없다. 7장에서 보았듯이 혁신과 확장성, 업계 돌파구는 '시스템들의 시스템 systems of systems' 논리 안에서 가장 극적으로 일어나는 것처럼 보인다. 기업 내부에 분석을 확장하고 기민성을 높이기 위해 더욱 기본적인 시스템 위에 복잡한 데이터 아키텍처와 시스템을 구축하기 위한 동일한 논리를 채택했다.

이러한 방식으로 혁신하는 이유는 무엇일까? 전 세계가 이러한 방식으로 운영되기 시작했기 때문이다! 기업을 미래의 글로벌 데이터 아키텍처와 호환되게 함으로써 데이터가 세계에 무엇을 의미하는지, 그리고 데이터가 어떻게 사용되고 있는지에 대한 새로운 현실에 플러그를 꽂았다. 우리 중 먼저 하는 사람들이 가장 앞서서 경쟁 우위를 점할 사람들이다.

사회 기반 시스템 채택

이 책은 사물 인터넷IoT, 행동 데이터와 관련 빅 데이터 요소를 활용하면서 기업 내에 집중하고 있다. 그러나 어느 한 기업의 벽을 넘어 센서, 연결, 분석, 알고리즘의 연금술을 얼마나 멀리 가져와 전체 산업이 직면한, 심지어 사회 전반적인 문제에 대한 복잡한 시스템과 솔루션을 만들 방법에는 제한이 없다.

결론은 우리 조직이 미래에 사회가 운영될 방식을 더 많이 운영할수록 그 사회에서 잘 경쟁하고 번창할 수 있게 된다는 것이다.

기술과 경쟁에 관한 하버드 비즈니스 리뷰Harvard Business Review 기사에서 지적했듯이 역동적인 시스템 접근 방식은 엄청난 산업의 변화, 나아가 세상을 바꾸는 혁신으로 이어질 수 있다. 이 기사는 전 세계 사람들을 먹이는 글로벌 농업을 강력한 성공 사례로 언급하고 있다. 중장비, 관개 시스템, 토양, 영양소 센서, 금융 정보, 기상 데이터는 농장 수확량과 효율을 과급하는 방식으로 모두 연결되고 조정된다. (전체 기사는 https://hbr.org/2014/11/how-smart-connectedproducts-are-transforming-competition를 찾아보라.)

7장에서 언급했듯이 자율 주행 자동차는 또 다른 시스템 혁명의 혁신적 시스템을 대표한다. 그렇지만 자율 주행차를 갖게 되면 결국에는 서로 조정하고 있는 많은 자동차의 환경이 더욱 커지고 교통과 도로를 통제하는 중앙 집중식 네트워크를 통해 효율적이고 운전자가 없는 대규모 운송이 가능해지는 것이다.

더 축소하면 IoT 기반 분석으로 모든 종류의 시민 인프라와 기능이 조정되고 최적화되는 '스마트 시티smart city' 영역으로 나아가고 있다. 실제로 분석 기업인 IDC[1]는 연방 정부와 주 정부, 지방 정부 고객을 IoT 구매 선도 기관으로 선정했으며 2017년 이후 복합적으로 연간 10% 이상의 성장률을 기록했다. 또한 IDC는 향상된 서비스 제공과 범죄 예방부터 스마트 워터와 조명 시스템에 이르기까지 다양한 영역을 아우르는 분석 기반의 스마트 시티 애플리케이션을 가리킨다.

---

1   www.idc.com – 옮긴이

일례로 샌디에이고시는 최근 IoT 혁신을 위해 가로등 네트워크로의 일상적인 업그레이드가 되도록 했다. 도시의 유서 깊은 가스램프Gaslamp등 구역에서 노후 가로등을 에너지 효율이 높은 LED등으로 교체할 때가 되자 시는 온도, 습도, 기타 요인을 추적하기 위해 카메라, 마이크 및 관련 장비 등 IoT 센서 배열이 있는 새로운 조명을 장착했다. 일부 처리 방식은 '가장자리에서on the edge', 말하자면 소스source에서 즉시 수행되고 다른 데이터는 중앙 집중화된 위치에서 분석된다.

"어쨌든 우리는 가로등을 교체하고 있었어요." 샌디에이고시의 디지털 최고 책임자인 막심 페체르스키Maksim Pecherskiy가 인터뷰에서 말했다. "우리는 일하는 동안 스마트함을 추가하고 싶었어요." 결과 데이터는 공공 안전과 보수 작업자의 포장 상태 추적과 같은 것에 사용된다. 게다가 컴퓨터 비전 알고리즘은 자동차, 자전거, 보행자 교통량을 셀 수 있어 샌디에이고시의 적극적인 기후 대응 계획Climate Action Plan의 일환인 자전거 이용자 수를 늘리기 위한 노력으로 추측할 수 있다.

"이제부터 '자, 우리가 이 정책을 바꿨어요. 바뀐 정책이 도시의 자전거 이용자 수를 감소시켰나요, 증가시켰나요?'라고 말할 수 있어서 매우 기뻐요. 아니면 이렇게도 말할 수 있지요. '봐, 우리가 자전거 전용 도로를 여기에 놓았지요. 자전거 이용자 수가 감소했나요, 증가했나요?'" 막심이 말했다. "그래서 우리는 이러한 데이터 중심의 의사 결정을 실제로 시작할 수 있어요. '자, 우리가 자전거 전용 도로를 여기에 놓으면 사람들이 사용할 것으로 생각해'라고 말하는 대신 이러한 데이터를 기반해 의사 결정을 실제로 시작할 수 있게 말이지요."

"스마트 시티는 사전 예방할 정도로 스마트하지요." 샌프란시스코에서 북쪽으로 450마일 떨어진 곳의 막심의 상대자인 제이 나스Jay Nath가 말했다.

제이는 스마트 시티 최초의 혁신 최고 책임자다. 민간 부문 창업 경력이 있는 그는 샌프란시스코가 주택 화재나 노숙자와 같은 문제를 예측하고 예방하기 위한 분석 활용을 돕고 있다.

"오늘날 정부는 여전히 매우 민감합니다. 화재가 발생하거나 누군가가 노숙자가 되면 대응을 할 것입니다." 제이가 인터뷰에서 말했다. "하지만 '왜 예상하고 예방할 수 없는 걸까?'라고 스스로 묻고 있어요. 예를 들자면 이전 주택법 위반과 다른 도시 기록의 데이터가 우리에게 말해줄 수 있을지도 모르겠어요. 처음부터 화재가 발생하지 않도록 방지하기 위해 사전에 집을 방문하는 방법을 말이지요."

이 책의 다른 곳에서 살펴본 것처럼 하나의 도전은 상호 운용성interoperability이다. 제이는 "샌프란시스코에는 현재 13개의 다른 데이터 시스템을 통합하고 조정하는 노숙자 부서가 있습니다"라고 말했다. "데이터 인벤토리inventory가 무엇인지 알아야 할 필요가 있습니다. 기본적인 차단과 태클입니다. 어떤 것을 실행하기 전에 먼저 걸어보는 것이지요."

"저는 도시 기반 시설이 15개의 다른 네트워크와 15개의 다른 프로토콜의 메시mesh가 되는 것을 원치 않습니다." 샌디에이고시의 막심 페체르스키가 반복했다. "기본 인프라와 사람들이 이 플랫폼 위에 세워지기를 원합니다."

이것은 분석이 비즈니스뿐만 아니라 산업과 사회 전반의 시스템에 걸쳐 혁신을 일으키는 방법을 보여주는 하나의 스냅샷snapshot이다. 분석에서 우리의 업무가 왜 비즈니스 가치를 창출하고 지역 사회와 인도주의적 문제 해결을 위한 탐색에서 시민적 가치를 창출하는지를 상기시켜주는 큰 그림이다.

이것이 우리가 했던 방식으로 센티언트 엔터프라이즈 단계를 구조화했는지에 대한 상황을 제공하기를 바란다. 즉, 기업 내부에서 우리가 하는 모든 작업을 데이터 중심의 성장과 발전을 위한 더 큰 글로벌 플레이북에 맞춰 조정한 시스템 전략의 시스템으로서 포지셔닝할 수 있다. 이러한 포지셔닝은 조직이 성장과 진보라는 더 넓은 지평을 충분히 활용하도록 해준다.

더 위대한 선

센티언트 엔터프라이즈는 비즈니스뿐만 아니라 대규모 산업 전반과 사회 시스템을 혁신할 수 있는 전략을 정의하고 있다. 이러한 전략 중 일부가 더 큰 커뮤니티와 인도주의적 과제도 해결할 수 있을까? 스마트 시티를 살펴보고 시스템 혁신 시스템이 어떻게 전 세계에 식량을 제공하기 위해 농업을 혁신하는지 앞서 언급했다. 7장에서 한두 시간의 배송을 위해 아마존의 상품 사전 배치를 최적화하는 알고리즘이 질병 발생 확산 시 약물을 사전에 어떻게 배치하는지 보여줬다.

이와 같은 또 다른 혁신이 얼마나 가능할까? 단점을 최소화하면서 기술과 조직의 센티언스 장점을 활용할 수 있을까? (결국 조지 오웰George Orwell이 쓴 『1984년』의 윈스턴 스미스Winston Smith와 그의 동료 시민들에게는 '센티언스sentience'가 잘 드러나지 않았다.)

센티언스의 어두운 면에 대해 공정하게 질문할 수 있지만, 이 책 전체에 걸쳐 논의한 많은 기술과 정책, 시장 세력에 의해 최소화된다고 생각한다. 다행히 사이버 보안과 개인 정보 보호 원칙은 우리가 센티언트 엔터프라이즈에서 지지하는 플랫폼 디자인과 오늘날의 정책 및 경제 담론에서 이미 견고한 장치다. 미래가 계속 형성됨에 따라 지속적이고 가시적인 우선순위를 유지해야 한다.

7장에서 언급했듯이 인간은 항상 알고리즘의 궁극적인 제어를 유지하면서 터미네이터 스타일의 '스카이넷' 디스토피아dystopia를 공상 과학의 영역으로 확실하게 강등시킬 것이다. 사람들의 삶을 자세히 들여다볼 수 있는 전례 없는 능력과 함께 남용의 위험이 분명히 존재하지만 행동 데이터를 사용해 '소름 끼치지 않고 맞춤화customized without being creepy'된 방식으로 고객을 이해하는 것에 대한 4장의 주의 사항을 기억하라.

대중은 항상 구매 결정, 투표 패턴 그리고 다른 영향력 있는 수단을 활용해 조직의 센티언스를 사회에서 매우 긍정적인 힘으로 유지한다. 그렇지만 이베이의 사장 겸 CEO인 데빈 위니그Devin Wenig가 오늘날의 '인공 지능에서의 르네상스renaissance in artificial intelligence'라고 부르는 센티언스와 함께 해결해야 할 광범위한 경제와 인력 역학을 창출하고 있다.

"무인 자동차가 있고 아무도 창문을 닦지 않을 때 향후 10년 동안 인력에 미치는 영향에 대해 진지한 공공 정책 논의가 필요하다." 위니그는 스위스 다보스에서 열린 2017 세계 경제 포럼World Economic Forum 회의 에세이에 이렇게 썼다. "기술의 힘으로부터 혜택을 받는다고 느끼는 사람들과…폐쇄되고 뒤처졌다고 느끼는 사람 사이에서 증가하는 글로벌 격차를 줄여야 한다."

위니그는 직원들이 내일 필요한 기술에 대해 재교육하고 가능한 한 많은 사람이 반드시 기술의 이점을 공유하는 것이 핵심적 우선순위라고 말한다. 그와 다른 사람들은 기술 발전이 불가피하며 기술을 억제하려는 것이 아니라 기술을 형성하는 것이 해답이라고 주장한다.

미래 내다보기

우리 목표가 기술의 진화를 형성하는 것이라면 윤곽은 무엇일까? 책을 마무리하면서 인터뷰 대상자와 분석의 미래에 대한 관점을 공유하는 것이 유용하다고 생각했다. 여기 향후 10여 년간 미래에 무엇이 놓이게 될지에 관한 견해가 있다.

제너럴 모터스의 빅 데이터 인프라 및 엔지니어링 책임자인 브렛 버메트의 견해다.

> "머지않은 미래에 우리와 같은 조직이 내부 기업뿐만 아니라 확장된 기업을 다루는 것을 보게 될 것입니다. 따라서 조직이 더 기민하고 데이터 중심으로 변화하는 것을 볼 때 합작 투자 파트너와 딜러 네트워크, 공급 업체 그룹을 포함할 수 있는 조직의 더 큰 환경과 광범위하게 원활한 조정을 제공할 것입니다. 이는 엔터프라이즈 자체를 넘어서는 또 다른 수준의 복잡성입니다.
>
> 또한 필요로 하는 기쁨과 기대되는 실험으로서 제가 종종 언급하는 것에 관한 더 큰 이슈가 있습니다. 계속해서 더 많은 기능을 보게 될 것으로 생각하지만, 데이터가 비즈니스 운영에 중요해질수록 이러한 기능이 기대되고 요구된다는 사실도 더욱 실감할 수 있을 것입니다. 데이터가 미션 크리티컬하고 관련성이 있기를 원합니다. 하지만 이는 기본 기능을 계속 개발하고 수요를 지원할 수 있는 책임이 있음을 의미합니다."

버라이즌 와이어리스 비즈니스 인텔리전스 및 고급 분석 담당 이사인 그레이스 황의 말이다.

> "저에게 미래는 고객에게 문제점이 있다는 것을 알기 전에 고객의 요구를 충족하기 위해 적극적으로 제안할 수 있는 단계에 도달하는 것

입니다. 예를 들어 당신이 비행기 표를 샀다는 것을 웹 트래픽$^{web traffic}$
이나 모바일 앱을 통해 우리가 알고 있으며 유럽에 갈 예정이라는 것
을 안다고 가정해봅시다. 여행 목적지를 알면 가장 좋은 로밍 프로그
램이 여기에 있다는 것을 사전에 알려줄 수 있기를 바랍니다. 오늘 해
외에 도착하면 로밍 중이며 여기에 그 가격이 있다고 알려주는 문자
메시지를 받습니다. 이것은 사실 이후가 됩니다. 내일은 기업과 고객
양쪽 모두 더 많은 선택지가 있다는 놀라움이나 문제가 발생하기 전
에 피할 수 있다는 측면에서 앞서 나가는 시점까지 선제적으로 대응
하는 것입니다."

델의 엔터프라이즈 서비스와 주문 경험 담당 부사장인 제니퍼 펠치의 견
해다.

"문제를 측정하는 대신 성공을 측정하게 될 시점까지 사전 대응하는
기업들을 보게 될 것입니다. 새로운 세상은 사람들이 전화를 걸어서
문제를 보고하기를 기다리는 거대한 콜센터가 되지 않을 것입니다.
'전화에 내 반응이 얼마나 빨랐는가?' 또는 '내가 얼마나 빨리 문제를
해결했는가?' 등의 질문을 덜 받게 될 것입니다. 이것이 레거시 세계
입니다. 새로운 세상에서 '문제가 시작되기 전에 이 문제를 왜 멈추지
않은 걸까?'와 '부정적인 사건이 처음에 발생하는 것을 어떻게 예측하
고 방지할 수 있을까?'를 보게 될 것입니다. 일상적인 작업과 의사 결
정을 자동화하는 기능을 통해 기업의 더 많은 인력과 자원을 확보해
고객과의 대화에만 전념할 수 있습니다. 또한 대부분 시간은 기회와
성장 대 문제와 문제 해결에 관해 이야기하는 데 사용될 것입니다."

지멘스 모빌리티의 데이터 서비스 담당 부사장 게르할드 크레스의 견해다.

"상황이 극적으로 변할 것입니다. 데이터양은 오늘날과 비교해 천 배
나 많은 요소가 될 것이고, 현장에서 일어나는 모든 일에 훨씬 많은 가

시성을 갖게 될 것입니다. 분석은 모든 수준에서 합리적인 의사 결정을 내리고 고객이 향후 자산을 설계하고 운영이나 생산, 처리, 유지 관리하는 방식을 개선하는 데 도움이 되는 모든 종류의 분석을 제공합니다. 이 중 대부분은 비지도 학습unsupervised learning과 딥 러닝deep learning 기술이 될 것이므로 시스템은 자체적으로 자동화하고 개선을 시작할 것입니다."

볼보의 비즈니스 분석 수석 이사 얀 와센의 견해나.

"분명히 저와 같은 기업의 미래는 자율 주행에 관한 것으로 계속될 것입니다. 오늘날 일어나는 모든 테스트와 문제 해결은 자율 주행이 평범한 현실, 단순히 삶의 현실이 되는 시점에 이르게 할 것입니다. 사실 스스로 운전할 수 없는 때가 올 것으로 생각합니다. 모든 도로는 아니겠지만 일부 주요 도로에서는 자율 주행이 요구 사항이 될 수 있습니다. 또한 함께 타는 차량 공유가 훨씬 더 많고 혼자만 차를 타는 상황은 줄어들 것입니다. 기술은 과정을 쉽게 하고 사람들이 하고 싶은 일을 할 수 있게 해줄 것입니다. 미래에는 자동차 운송이 더 안전하고 효율적인 완전히 다른 생태계를 포함할 것입니다."

테라데이타의 기술 혁신 담당 부사장이자 스탠퍼드대학교의 SLAC 국립 가속기 연구소SLAC National Accelerator Laboratory의 확장형 데이터 시스템 이전 책임자 야체크 베클라의 견해다.

"저렴한 컴퓨팅 성능은 향후 10년 정도 가능한 일의 중심 원동력이 될 것입니다. 얼마 전까지만 해도 컴퓨팅 성능이 전사적 센티언스를 달성할 수 없었습니다. 데이터 전문가들이 올바른 사고방식을 지니고 있어도 컴퓨팅 스토리지와 비용은 여전히 엄청났습니다. 이는 계속해서 변화하고 있으며 발전의 핵심은 역량과 기술 간 공생 관계로 성능이 10배 또는 20배 증가함에 따라 사람들은 이를 사용하는 새로운 방법을 찾게 될 것입니다. 그때는 점점 발전하는 프로그래밍 알고리즘의 윤리적 요인이 있게 됩니다. 중요한 인프라에서의 자율 차량이든 센서든, 알고리즘은 생사 결정을 내릴 수 있는 위치에 있게 될 것입니다. 이러한 알고리즘을 교육하는 사람들은 업무에 미치는 비즈니스 영향과 함께 점점 더 많은 법적, 윤리적 책임을 고려한 훈련과 인증이 필요합니다. 심지어 프로그래밍 결정의 무결성을 뒷받침하는 위원회 접근 방식이나 다른 거버넌스와 같은 새로운 조직 구조가 있을 수도 있습니다."

웰스 파고의 수석 부사장 겸 최고 데이터 책임자 찰스 토마스의 견해다.

"시간이 지나면서 데이터에 대한 접근과 호기심이 차이를 만드는 더 많은 환경과 상황을 보게 될 것입니다. 궁극적으로 최고 데이터 책임자의 현장은 대규모 비즈니스 의사 결정에 정보를 제공할 수 있는 모든 곳이 될 수 있습니다. 그리고 미래는 그 발자국이 점점 더 많은 비즈니스 라인으로 확장되는지를 보여줄 것으로 생각합니다. 또한 이것이 기술뿐만 아니라 기업 문화와도 어떻게 관련되는지 점점 더 분명해질 것입니다. 문화를 홍보하는 중요한 방법은 이전 훈련이나 업무 경험에서 데이터를 잘 알고 있고 분석의 가치를 이미 '얻은(get)' 인재를 채용하는 것입니다. 저는 다양성을 매우 강력하게 지지하는 사람이고 앞으로 몇 년 동안 더 많이 보게 될 것입니다. 당신의 팀에서 다양한 관점과 배경을 더 많이 얻을수록 다양한 기술 과제를 더 잘 해결할 수 있습니다. 이것은 우리가 내일에 필요한 마음가짐이며 주어진 통찰력이 흥미로운 발견에서 상당한 비용 절감이나 수익 창출 솔루션에 이르는 중요한 추세로 성장하도록 돕는 분석적 호기심의 환경입니다."

덧붙이는 말

2013년 11월의 상서로운 날에 이 책을 쓴 우리가 처음으로 센티언트 엔터프라이즈의 개념을 잡고 이름을 붙이며 느꼈던 강렬함만큼 여러분 역시 이 책을 통해 활력을 얻고 센티언트 엔터프라이즈에 대한 영감을 얻길 진심으로 바란다. 우리가 논의한 모든 이유 덕분에 센티언트 엔터프라이즈는 계속 유지된다고 믿는다.

비즈니스 접근이나 분석 전략 이상의 것을 이야기하고 있다. 우리는 기술 이상의 것에 대해 말하고 있다. 이것은 가능성에 관한 것이며 이러한 가능성을 성숙시키기 위한 우리의 노력이 궁극적으로 이끌 수 있는 곳이다. 센티언트 엔터프라이즈는 모든 성공과 혁신이 있는, 엔터프라이즈가 데이터의 바다에서 점점 더 빠르게 이 데이터에 의해 지배받고 정의되는 미래로 항해하는 것으로서의, 사실은 불가피성인 타당성을 증명하는 우리의 북극성이다.

두려운가? 물론이다! 시간과 투자가 필요할까? 의심할 여지 없다! 그러나 어떤 파괴를 초래하는 혁신과 마찬가지로 우리는 현실적이면서도 낙관적이어야 한다. 우리가 비즈니스에 빅 데이터 분석을 충분히 활용하는 데 필요한 변화와 방법들을 포용할 수 있다면 성공은 가능하다. 그렇지 않으면 우리는 이 현실을 인정했던, 그리고 기회를 얻고 경영하며 변혁을 이끌기 위해 이미 구조와 전략을 세우는 경쟁사에 져서 문을 닫게 될 것이다!

언제 그리고 어떻게 우리가 이 혁명에 승선하는지가 모든 차이를 만든다. 얼리 어답터들에게 이것은 경쟁에서 앞서가기에 관한 것이고, 뒤따르는 사람들에게 이것은 생존에 관한 것이며, 관심 없는 사람들에게 이것은 파산에 관한 것이다. 내일은 멈출 수 없는 힘처럼 우리에게 오고 있으며 이 책이 오늘을 시작하도록 당신에게 영감을 주길 바란다.

오늘! 이것이 우리를 움직이게 만드는 마지막 단어다. 우리가 말하는 것을 하루 만에 끝낼 수 없고 1년은 말할 것도 없다. 더욱 애자일한 센티언트 엔터프라이즈를 세워야 하는 의무를 받아들여야 하며, 이를 위해 단계를 밟아 나가야 한다. 어딘가에서 시작하라, 지금 시작하라, 오늘 시작하라!

찾아보기

센티언트 엔터프라이즈
데이터 분석을 활용한 비즈니스 의사결정

발 행 | 2022년 1월 3일

지은이 | 올리버 라츠버거 · 모한 소니
옮긴이 | 배 수 진 · 권 오 병

펴낸이 | 권 성 준
편집장 | 황 영 주
편 집 | 이 지 은
디자인 | 송 서 연

에이콘출판주식회사
서울특별시 양천구 국회대로 287 (목동)
전화 02-2653-7600, 팩스 02-2653-0433
www.acornpub.co.kr / editor@acornpub.co.kr

책값은 뒤표지에 있습니다.